U0015978

這些話，就是言語勒索

森山至貴 著
許郁文 譯

10歲起就該懂！
29個場景帶你識破並適度反擊

如果你是為我好，為什麼我很受傷？

　　受別人影響，被別人操控好像完全是我不對，但我真的覺得其實錯不在我。我知道他們是為了我好才說那些話，但我比起覺得感謝，更覺得受傷。

　　在極為尋常的日常對話裡，相信大家都有過因此而煩躁的時候吧？因為這些事覺得心煩意亂或悶悶不樂，卻又無法回嘴時，就會更心生怨懟。這時甚至會覺得，對方是不是故意挑一些我沒辦法反駁的話來說啊？為什麼那種言語勒索我沒辦法說出口呢？想著想著，我又開始覺得好煩，難道沒辦法解決這個問題嗎？

　　如果你想解決這個問題，我要向你介紹這本書。如果你希望看穿那些自以為是、逃避責任、充滿偏見的言語，知道心情煩悶不堪的自己沒錯，也希望能巧妙地、清楚地回應那些言語勒索，那麼本書的29個處方箋一定能給你一些線索與提示。

　　我希望10歲以上的人都能讀這本書，所以寫得比較容易理解，希望能有更多人讀一讀本書。

　　翻一翻目錄，應該就能知道哪些言語「令人煩躁」。本書雖然是為了國中生或高中生所寫，但我舉出來的例子，都是大人常用的「言語勒索」，說不定這些例子才是重點。

　　孩子必須在大人的照顧下才能順利成長，所以就這點而言，孩子的地位的確低於大人，但也正因為如此，孩子必須具備看穿那些言語勒索的能力與不上當受騙的技巧。希望大家都能閱讀本書，找到不被大人耍得團團轉的方法。

　　每個場景的開頭都會介紹一些「言語勒索」實際應用的場景，雖然是杜撰的內容，但這些話題對國高中生來說，絕對再熟悉不過，也不需要具備什麼特別的知識就能讀懂。

　　此外，與內文有關的「相關用語」，都會進一步解說，所以想透過讀書增長知識的各位，請務必隨著自己的興趣讀一讀本書。

　　本書會反覆提及「歧視」一詞，之所以如此，是因為我本身是專攻歧視、尤其是性少數歧視的研究人員。

　　我們於日常生活感受到的煩躁、悶悶不樂其實都與歧視有關，若是大家能覺得減少這些煩悶有助於減少歧視的

話，那我真的會覺得很榮幸。

　　有件事要先向買了本書的各位大人，尤其是身為父母親或老師的大家道歉。

　　本書提及的大人，都是「只為自己立場狡辯的大人」，因此書裡有一些內容，可能會讓大家覺得「別把大人形容得那麼糟」，但本書真的希望幫助國高中生得到看穿錯誤本質的智慧，還請各位大人對此睜一隻眼，閉一隻眼。

　　話說回來，這不代表把大人排擠在本書的目標讀者之外，反而我覺得大人更常被本書介紹的那些言語耍得團團轉（有時候大人自己也會這樣狡辯），所以就這層意義來看，本書也適合大人一讀，甚至能讓大人感同身受。

　　書中的會話雖然都是為了「孩子」設計的，但還是希望各位大人能本著自身經驗解讀。

　　書中的29個場景可挑著讀，但建議大家從第一個場景開始閱讀，也就是從那句任誰聽到都想發火的「我是為你好」開始閱讀。

　　如果我準備的「處方箋」能為各位排憂解勞，那真是我無上的光榮。

CONTENTS

CONTENTS

CONTENTS

CONTENTS

第1章

暗藏「鄙視」
的話語

場 景 ①

我是為了你好！

勒索程度 ★ ★ ★

上高中之後，我想進熱舞社！

不行，受傷的話該怎麼辦？
而且你也得準備考大學啊，
哪有時間參加什麼社團活動。

你明明說過「讀書不是全部」，
怎麼現在又這樣說……

總之不行就是不行，
我是為了你好才這樣說的！

⭐ 改變心意很糟糕嗎？

我知道不是想做什麼就能做什麼，但還是不想因為「我是為你好」這種說法就放棄想做的事。大家不覺得這麼說的大人其實是在用言語勒索你嗎？

讓我們稍微想一下，為什麼我們會覺得這樣說是一種言語勒索？除了那句「我是為你好才這麼說的」，其實場景①還有一些讓人很在意的話，讓我們先來討論吧。

還有哪些話令人很在意？沒錯，就是那句**「你明明說過」**。

說真的，以前跟現在說的不一樣，真的很難讓人接受對吧？明明之前把「讀書不是全部」掛在嘴邊，現在又說「給我好好讀書」，前後真的很不一致，這也是令人難以接受的原因之一吧。

話說回來，說出口的主張真的就不能改變了嗎？當然沒這回事，**因為人是會變的，而且改變是好的。但重點是變成什麼樣，又為什麼改變，必須視情況說明白。**

所以，場景①的問題在於被指責改變想法的媽媽，只說了一句「總之……」就拒絕繼續對話的部分。這句「總之」有多麼糟糕，讓我們在後面再為大家說明。

⭐ 才不是為了我好

接著，就讓我們來剖析一下「我是為你好」這句話。

仔細想想，我們會為了這句話覺得不爽，還真是不可思議，明明在大部分的情況下聽到對方為我們這麼說，應該要感到高興才對，但我們在聽到這句「我是為你好」之後，恐怕一點也高興不起來，這到底是為什麼？

首先要剖析的是，**有時「表面上聽起來是為了你，但其實是為了自己的狀況」**。

比方有些大人，表面上是希望小孩就讀一流大學，但實際上是想讓別人覺得「自己有能力培養小孩進一流大學」，所以一被人看穿這種小心思，就會惱羞成怒。

話說回來，也有「為你好」與「為了自己好」的情況。例如，父母親看到小孩幸福，或是老師看到學生幸福，會覺得幸福就是這類情況（還真希望這種情況多一點）。雖然父母親與老師有一部分是為了自己，但「為你好」的部分也是有的。

所以我們能就此斷定「我是為你好」這句話真的是為了我們著想，然後放棄進入熱舞社嗎？我不這麼覺得，**因為說是為了「你」著想，但不一定真的都對「你」有幫助不是嗎？**

對於想進熱舞社的人來說，「能進入熱舞社」才是真的為了自己好的事。沒有證據推翻這點，只丟下一句「總之……」的話，我們當然很難接受吧。

「總之……」這句話之所以讓人覺得討厭，在於說這句話的人拒絕說明想法改變的理由，也沒說明到底哪個部分是「為你好」。

⭐ 別用其他的事搪塞薄弱不足的「證據」

在這裡要請大家稍微想想看，如果就是要我們順從「總之……」這句話，那為什麼要在後面加上「我是為你好」呢？

這是因為**不說明是否真的是為了對方好，或是本來就無法對當事人有任何幫助，所以才特意加上一句「我都是為你好」，含糊帶過不足以證明是為了你好的部分。**

換言之，對方是基於「我這麼為你著想，怎麼可能會錯」的心理，才在「總之」的後面補上「我是為你好」這句話。這還真是麻煩啊，**對方覺得反正「是為了你好，所以不需要取得你的同意」。**

這讓我不禁覺得「總之」這個詞彙還有另一個意思——那就是對方應該也感覺到自己有點不講理，所以使用了代

表「拒絕答辯」的「總之」，結果恰恰證明對方也覺得自己的不講理很糟糕。

如果針對對方的不講理反擊，會得到什麼結果？

如果對方丟了一句「我是為你好」就準備結束話題的話，這時候你不妨立刻補一句：「可以告訴我到底是哪裡為我好嗎？」

如果對方是心裡明白的人，應該會願意說清楚。就算到最後你還是不能接受，至少彼此還能達成溝通，這也被迫接受對方的意見來得更好。

通常來說，對方會拒絕說明吧。這時就不用理會他，照你自己想做的去做就好了。

脫離困境的思維

「都是為你好」這句話常在沒辦法提出理由，卻要束縛別人行動的情況出現。這時你不妨告訴對方「如果為了我好，你應該知道，有必要說清楚是哪裡為了我好，對吧」，藉此與對方展開對話。

必須知道的相關用語

【為了自己好／為了你好】

在日劇＜相棒＞第10季第15集裡，主角杉下右京曾對宅在家的青年說：「沒有人能100%為了別人說話。人或多或少都會夾帶著一些主觀意識，就算是父母也一樣，你也一樣。所以就算對方的話裡摻雜著一些主觀的看法，也不代表對方背叛了你。」
我覺得把「主觀」解讀成「為了自己好的元素」時，不該把「主觀」全然解釋成「明明是為了自己好」的意思。

【父權主義】（paternalism）

「我知道這個決定對你最好，所以你照著做就好」的思維又稱為父權主義。父權主義的英文是「paternalism」，其中的「paternal（父親的）」與英文的father是同一個語源，這個單字常用來批評身為一家經濟來源，企圖一手掌控無法自力更生的妻子與小孩的父親。
將「照做就好」偷偷換成「我知道這個決定對你最好」的說法，正是這種思維勒索他人之處。

．　場 景 ②

> ## 你這種說法
> ## 讓人聽不進去。

勒索程度 ★★★

我們班的導師要我提出
「頭髮本來就是褐色的證明」耶！

頭髮的顏色跟成績又沒什麼關係，
幹嘛這麼挑剔啊。

你也這麼覺得吧，
所以我應該回他幹嘛多管閒事吧？

你這種說法他聽不進去啦，
不想提出證明的話，
就好好跟他說清楚吧。

⭐ 沒心思把話說得漂亮

當我們因為別人不合理的行為或態度而生氣時，通常會口不擇言。這是當然的啊，因為很生氣啊，但你有沒有在這種時候聽過別人對你這麼說：「你這種說法讓人聽不進去。」

聽到這句話會一時語塞吧？為什麼我們會在這種時候回不了半句話呢？

某個部分是因為對方沒跟我們一樣生氣，所以你感到很失望。但其實還有別的理由，有一部分是因為被對方點出「你這種說法很糟糕」，所以才生氣對吧？

我們都知道把話說得尖酸刻薄很糟糕，所以我們就該避免這樣說話嗎？

⭐ 「聽取」與「拜託」的雙方

讓我們仔細思考這個問題。如果我們把話說得圓融一點，對方就願意聽進去的話，那當然是最理想的，但以場景②來看，讀書跟髮色沒有關係，所以老師根本不該對髮色有什麼意見，這的確是正確的主張。

但真正的重點，在於「光是正確是沒用的」。因為沒把

話說得有技巧一點，所以對方是聽不進去的，這雖然很難接受，但事實上就是這麼的不合理。

讓我們進一步思考不合理的部分。

「這種說法很糟糕」的批評，**其實暗藏著「就算這種說法是正確的，只要沒把話說得漂亮，就不用理會」的主張**，這還真是奇怪的主張。

我們的社會，明明是由大家分享每個正確的觀念才得以形成，但其實在這個主張之中，**所有人會莫名地被分成「聽取」與「拜託」的兩派。**

這種糟不糟糕、需不需要理會的說法，是由「聽取」的一方決定的，所以一旦每次都是由同一個人扮演「拜託」的角色，另一個人扮演「聽取」的角色就很危險。

這種危險通常是源自於雙方的立場失衡，也就是某一方總是占上風，另一方則總是屈居弱勢。

說話得體當然是好事，但就現實面來看，占上風的人不一定會太客氣，因為他們總是能逼別人接受自己的要求，所以通常只有屈居下風的人，才需要注意說話的藝術。

更重要的是，說話要說得多得體、多客氣都是由「聽取」的一方決定的。當「聽取」的一方要求說話說得更得體、更有禮貌時，「拜託」的那一方就離球門柱越來越遠，所以「聽取」的一方總是能以「說話說得不得體」為

由，拒絕任何「拜託」。

這不禁讓人覺得，這真是太過分了。

⭐ 別讓我拜託

其實問題的根源已經很清楚了。我們之所以會對「你這種說法讓人聽不進去、聽不下去」這句話感到不耐，是因為明明是正當的主張，卻因為立場失衡，導致我們非得「拜託」對方接受不可。

聽到別人批評自己說話不得體時，至少自己要知道「這不是在拜託對方接受自己的意見」。可以的話，最好也能讓對方知道，你不是在拜託他。

被迫待在社會底層的人，有時候會利用一些聽起來不太道德的「髒話」或「詭計」，讓這個世界慢慢變好。

但他們之所以會選擇這種邪門歪道，是為了讓自己擺脫那些所謂的正義與道德，避免自己淪為「拜託」別人的那一方，淪為較弱勢的那一群人。

所以，若聽到別人說：「你這種說法讓人聽不進去」，就得避免自己淪為「拜託」別人的那一方。

若從場景②的例子來看，你應該先跟朋友確認，這明明是正確的主張，不該由自己去跟老師「拜託」這點。

如果老師說「你這種說法很沒禮貌……」那就很麻煩了。

換作是我的話，說不定會請老師看這本書，要老師讀讀這句話：「從學生得『拜託』您這點來看，這件事早已與正不正確無關，您只是為了保護自己的立場而已。」這點早就被讀了這本書的人看透了。

脫離困境的思維

說話說得不禮貌，只是對方為了避免你對不合理的事情回嘴才使用的藉口。你要小心，別讓自己淪為「拜託」的一方，也就是別讓對方把你逼入較弱勢的立場。

必須知道的相關用語

【社會運動】

讓世界變得更美好的活動，會直接稱為「社會運動」。

社會運動有很多種，例如回收垃圾、守護古色古香的老街、蓋更多幼兒園，或是減少對女性的歧視、與外國人共存共榮、讓公共設施更方便身障者使用等活動。

後面這三種活動，與本書提到的「在社會底層生活的人」息息相關，所以又被歸類為與社會弱勢、社會少數族群有關的社會運動。

【對說話方式的取締】（tone policing）

意思是在面對那些批判歧視（參考第8章）的意見時，故意以「用詞不當」為由，批判這些意見，削弱這些意見的行為。

乍看之下，這種行為不算是一種歧視，卻間接助長了歧視的歪風。

場景 ③

> # 兩邊都有錯吧？

勒索程度 ★★★

今天國語老師沒先問清楚，
就罵我為什麼不交功課，
結果我也氣得回罵：「我已經交了，您
要不要先確定一下？」

結果你到底有沒有交？

當然有，但老師根本不說對不起。

可是兩邊都有錯吧？
你們互相吼來吼去啊。

⭐ 錯的是內容？還是方法？

被老師莫名其妙罵了一頓之後，跑去找朋友訴苦，沒想到朋友居然回我：「你也有問題吧。」這會讓人覺得「我還以為你會懂我」，會讓人很受傷。

這種感覺再正常不過，所以我才開始思考剛剛那個場景裡的「兩邊都有錯吧」，到底問題出在哪裡。

若從「沒確認功課交了」這件事來看，錯的當然是老師。明明是自己的疏忽，卻把錯全怪在學生頭上的老師當然很糟糕。雖說老師也會犯錯，但知道是自己的疏忽之後，應該好好地跟學生認錯才對。

那麼話說回來，上述這個明明是老師犯錯的小故事，為什麼會演變成「兩邊都有錯」的局面呢？

主角的朋友似乎覺得老師與學生「互罵」，所以兩邊都有錯。

就表面來看，兩邊的確是都「罵了」對方。老師因為學生的錯誤（以為學生沒交功課）而罵了學生，學生則因為指出了老師的錯誤（自己被誤會）而回嘴。

容我重申一次，錯的當然是老師，**但是覺得「兩邊都有錯」的朋友將兩邊主張的內容擺在一旁，只將重點放在主張的方法，這是不是跟場景②的情況很像？**

換言之，這等於是將重點放在內容，忽略原本的主張，導致無法找出真正的錯誤，我們也無從得知她是否真的在意原本的主張。

★ 孰先孰後？

只將重點放在方法而非內容的思考方式，就是「兩邊都有錯吧」這句話的問題所在。

我們無法從「兩邊都有錯吧」這句話看出老師誤會學生，學生為了這個誤會而回嘴的順序。若忽略這個順序，就無法斷定回嘴這個行為是否正當，所以才會得出回嘴是不禮貌的結論。

當然，我不是說先罵人的就不對。例如扒手扒走你放在褲子後面口袋的錢包時，你會怎麼下結論？好像有很多人會說「扒手當然不對，但誰叫你把錢包放在後面口袋」對吧？

假設順序在前的人真的不對，那麼被扒走錢包的被害者反而是錯的一方，但我們都知道，「就算把錢包放在後面口袋，也不等於我就應該被扒」這個道理。

所以，**事件發生的順序雖然並非完全是判斷事件正確與**

否的基準，但有時還是能幫助我們判斷不可或缺的元素。

「兩邊都有錯吧」的說法卻忽略了這個重要元素，所以才顯得很奇怪。

⭐ 什麼都沒做，卻想成為正確的一方

讓我們來想一下，為什麼錯的明明是老師，但學生也會被說有錯的這個問題。

假設你的眼前有條河，河裡有個人快要溺死了，此時你只要把手邊的救生圈拋過去，就能讓那個人得救。

只要你的手臂沒殘障或沒受傷，你應該會把救生圈拋過去吧？可是，如果你遇到「不拋出救生圈的人」，你會怎麼想？應該會覺得「明明救人一命是再正確不過的事，幹嘛不把救生圈拋過去啊」，對吧？

我們總是覺得只要這件事是正確的，就應該去做，但對我們來說，不得不去做這些正確的事也很麻煩。

但有個方法能讓我們不做正確的事，也能成為正確的人，**那就是指出別人的「錯誤」。**

如此一來，不同於對方的你就能宣傳是正確的，而且你什麼都沒做。

　　令人遺憾的是，我們其實不想與別人一起抗議、一起生氣，卻又想裝出一副「自己是正確的一方」，所以才常常將對的事情說成錯的。此時「兩邊都有錯吧」就是最方便好用的那句話。

　　但其實，這句話只會讓人成為「什麼都沒錯，但也不是正確的人」。在變成這樣的人之前，我們應該試著將正確的事說成正確的，然後試著去做這些正確的事。

脫離困境的思維

不去想哪邊是對的，什麼都不做就想成為正確的一方，很容易會把「兩邊都有錯」這句話說出口。讓我們注意一下事件的順序，再思考哪邊是對的吧。

必須知道的相關用語

【因果關係與責任】

某個事件（原因）引發另一個事件（結果）時，我們會說這兩件事之間有因果關係存在。

但就算真有所謂的因果關係，也不能把責任都怪到引發第一個事件（原因）的人身上。因此，就算扒手在法庭大聲主張「讓錢包在後面口袋露出來，不就是要人去扒嗎？」也不能就此論定錢包的主人也有部分的罪過。

【commitment】

這個英文的中譯有很多，例如「積極投入」就是其中一種，而這個字也通常帶有「義務」的色彩。

事情的具體內容、我們的道德觀、立場，都會影響我們判斷這件事是否符合道德與正義，是否該積極去做，但很多人卻覺得只要符合道德就應該積極去做。

換言之，這些人覺得所謂的正義是該身體力行的，（有時候）不能只是嘴巴說說。

場　景 ④

誰叫你沒說清楚。

勒索程度 ★★★

班上同學跟我聊到爸爸的話題，
結果他問我幹嘛不搭話，
氣氛尷尬到不行。

那你為什麼不說話呢？

因為我爸媽離婚，
我現在跟媽媽住啊。

誰叫你沒說清楚，
你不說清楚誰知道啊。

★ 別拿「搭不搭話」當藉口

因為「不搭話」被罵還真是讓人匪夷所思。這應該是覺得不參與對話的人很討厭，才會這樣罵別人。

但越是拿這種「不搭話」當藉口、要對方參與對話，越會讓對方覺得很麻煩，想脫離這種小圈圈，只想靜靜地聽別人訴苦的人最終也會離開。

只不過，對於怎麼樣都無法離開這種小圈圈的人（只要對方的意見與自己不同，就會覺得憤憤不平與不安的人）來說，大概沒辦法如此冷靜地判斷。

場景④的話題是爸爸的事，但其實有些人不太喜歡提及自己的家人、感情以及其他瑣碎的話題。若是不希望自己的私事造成別人的困擾，不希望自己的私事被當成話題討論，得先跟大家達成共識，或是如果有人準備提一些讓人不舒服的話題，就要有勇氣要求對方不要再講下去。

話說回來，哪些私事可以被討論呢？實際上我們很難判斷，也很難畫下明確的分界線。

公司、學校以及其他人際關係的目的（工作或學習）固定的場合，通常不會要求大家討論與這個目的無關的私事，也通常會有不討論個人私事的共識，但我們很難要求朋友或同學有這樣的共識，很多人也不想預設這種規矩。

　　若是沒有先達成共識，在聊天時，就必須判斷參與的人是否想繼續聊私事的話題。其實我們總是在這些毫不起眼的日常會話裡，不斷地察言觀色，揣測對方的心思。

★ 滔滔不絕的人與想傾聽的人

　　揣測對方的心思是件很複雜的事，因為對方是否願意把私事拿出來聊，是由參與會話的人所決定的。是的，我們願不願意拿私事出來聊，全由對方是否值得信賴決定。

　　比如父母離婚後，與媽媽同住或許很辛苦，但絕對不是什麼壞事，所以或許會想跟值得信賴的人訴苦一下。但遺憾的是，這世上還是有很多人覺得離婚、單親媽媽是很糟糕、很丟臉的事，所以不會想跟這類人訴苦。

　　假設大家都知道有些敏感的話題不該提，卻將錯怪在那些不願討論這些話題的人身上，**那麼只是將責任轉嫁到有可能會因為這些話題受傷的人頭上**，這是不是很奇怪呢？

★ 不想被別人說問題出在自己

　　其實平日就口無遮攔的人，應該要提醒自己，別提及那些可能傷害別人的話題。換句話說，問題不在於不願拿私

事出來談的人，而是在那些讓人不願談及私事的人吧。

會說「誰叫你沒說清楚」的人，或許已經發現自己有可能是那個「讓人無法訴苦」的人，為了避免被別人指責，才把「誰叫你沒說清楚」這句話當成擋箭牌。

不過，有可能傷害別人的人（例如父母親都在，而且關係良好）不一定就會傷害別人，也不見得就是那個別人不願訴苦的人。

在說「誰叫你沒說清楚」這句話之前，請先為對方想想，該怎麼做才能讓對方覺得「跟你聊私事也沒關係」。

比起主張「錯不在我」，建立彼此信賴，能聊各種話題的人際關係更加重要。

脫離困境的思維

 「誰叫你沒說清楚」，是忽略難以啓齒的理由，硬將責任推到對方頭上的一句話。

要建立良好的人際關係，就要讓自己成為對方願意傾訴心聲的對象。

必須知道的相關用語

【出櫃】（coming out）

這是告訴別人自己是同性戀者，希望建立新關係的單字，源自「coming out of the closet」這句英語實用句。

這個單字的重點代表的是過程，是一個必須不斷說明，讓別人能正確看待同性戀的過程，也必須讓人明白，這個單字與異性戀的「結婚」「戀愛」「家人」的意義一樣，換言之，出櫃不是在宣布自己是同性戀之後就結束的單字。

【被出櫃】（outing）

這個單字是「帶有否定色彩的特徵被他人無端揭露」的意思。

對方雖然不否定這個特徵，但可能覺得這個特徵很丟臉、想隱瞞起來，有時卻會因為這個特徵被身邊神經較粗的人傷害。

我們不該責怪那些不想談論這類特徵的人。被出櫃不是「揭露別人想隱藏的祕密」，而是一種人權的侵犯。

場 景 ⑤

反正被取綽號的人不覺得受傷，就沒差吧？

勒索程度 ★★☆

自從宮田戴眼鏡之後，
越來越多人叫他書呆子耶，
這種開玩笑的方式真讓人討厭。

但他是超愛打排球，
把社團活動當作最重要的事的人吧？
他很討厭這個綽號嗎？

沒耶，有時候還跟著一起笑。

反正被取綽號的人不覺得受傷，
就沒差吧？

⭐ 說不定被嘲笑的人，心裡很受傷

與好友相處時，我們有時候會故意捉弄對方，有時候則會替對方取綽號，以示彼此的關係有多融洽。但如果做得太過火，有可能會傷害對方，所以我們必須適可而止，好好考慮對方的想法。

如果對方不喜歡這個綽號，那當然不能用這個綽號稱呼對方；如果只是因為當場的氣氛使然，或是其他人覺得這個綽號很有趣，就一直用這個讓人討厭的綽號叫對方，**那只是假藉名義，多數霸凌少數而已。**

話說回來，本人沒生氣，就能一直用這個綽號叫他嗎？在此，讓我們分成兩種情況討論。

第一種情況，當事人很討厭這個綽號，但沒有人知道當事人的想法。

所以就算當事人沒生氣，我們也要想想他是不是很討厭這個綽號，以及該不該繼續用這個綽號叫他。

不過寫到這裡，大家應該都知道接下來該怎麼做了吧？綽號有很多種，不要故意挑那個對方有可能討厭的綽號。挑一個當事人可能不討厭的綽號，然後觀察他是不是真的不討厭。

不過，我們又該如何在當事人沒生氣的情況下，知道對方其實很討厭這個綽號呢？

其實線索很明顯。是的，**只要他身邊有人覺得這個綽號是種「嘲諷」，對方就有可能討厭這個綽號。**

只要有人質疑這個綽號，或許就該重新替當事人挑個他喜歡的綽號。由此看來，「反正被取綽號的人不覺得受傷，就沒差吧？」這句話等於白白錯過重新替對方挑綽號的機會，實在是太可惜了。

⭐ 該怎麼察覺對方有沒有生氣？

接著要問的是，如果當事人看起來沒事，繼續用那個綽號叫他也沒問題嗎？

大家都知道那個「熱愛排球」的學生不是「書呆子」，所以這位學生算是接受這個綽號了嗎？要把喜歡讀書或成績優秀的人說成「無聊的人」，很常會使用「書呆子」這個說法對吧？

其實除了綽號，我們其實很常故意將帶有否定色彩的詞彙套在某人身上，藉此確認這個綽號不適合我們圈圈裡的任何一個人。

換言之，大家都知道熱愛排球的學生不是書呆子，卻故

意替對方挑「書呆子」這個綽號，當事人與其他人也都知道這位學生不是「書呆子」，所以才藉由認同這個綽號，共享「書呆子很土」的價值觀。

⭐ 語言會外溢至「小圈圈」之外

假設在小圈圈之外，有個很愛讀書的學生因為「書呆子」這個帶有否定色彩的詞彙而受傷的話，你該怎麼辦？說不定你們的小圈圈裡，也有人心裡很受傷，只是沒發作而已。

語言的方便之處，在於能共享語言本身的意義。一旦綽號傳播至小圈圈之外，有人可能就會因此受傷，**所以根本沒有「反正被取綽號的人不覺得受傷，就沒差吧？」這回事**。就算被取綽號的人真的覺得沒差，別人也有可能因此覺得受傷。

那麼到底該怎麼做才對？要是連當事人以外的人都得照顧，那還真是麻煩啊。但是只在意當事人，又等於將別人分成「不能傷害」與「可以傷害」兩種。

讓我們稍微放寬標準吧。我們該挑選的不是誰都不會受傷的綽號，而是該挑選比較不會讓人受傷的綽號。以及若有人覺得受傷，該怎麼重新挑選綽號，這樣的話，就比較

能兼顧所有人的想法。

　　替別人取綽號的第一個重點，就是別挑帶有負面色彩的詞彙，例如「書呆子」「蠢蛋」「冒失鬼」。誰都知道這些字有負面的意思，所以在挑選綽號時，應該都能輕鬆避開這些詞彙。

　　第二個重點是，一旦有人覺得「這個綽號聽起來很討厭」，就是重新挑綽號的時候。

　　有些詞彙帶有負面意義，但我們不一定知道，而且有些綽號說不定是某人的地雷，所以這時候可試著挑選其他綽號。

脫離困境的思維

「反正被取綽號的人不覺得受傷，就沒差吧？」這句話常讓我們錯過發覺有人正因為這個綽號而受傷的機會。

別對「這樣會讓人覺得受傷」這句話置若罔聞，盡可能挑選誰都不會覺得受傷的詞彙。

必須知道的相關用語

【歧視語與侮蔑語】

這是鄙視具有某種特徵的人，帶有強烈否定色彩的詞彙。

至於這些詞彙到底有沒有歧視與侮蔑的意思，端看這些行為詞彙在歷史上的定義，不是什麼情況都不能使用（我的意思不是撲滅這些詞彙的「文字獄」具有合理性）。

不過，這些也不是什麼好聽的詞彙，所以在日常會話能不用就不用，現代社會也比較傾向將這種鄙視與負面的詞彙換成較中性的說法。

【政治正確性】（political correctness）

意思是使用不帶否定色彩的中性詞彙，避免歧視具有某些特徵的人，這相當於內文提及的「第一個重點」。我們可以試著列出一些中性的說法，方便大家取代那些負面的詞彙。

政治正確性充其量是基本的大方針，也只是第一階段的概念。若能進入第二階段，在人際關係之中微調自己的用字遣詞，就能建立更透明、更舒服的人際關係。

場景 ⑥

從好的角度來看不像。

勒索程度 ★☆☆

我最近才知道，島田跑得好快！

對啊對啊，那傢伙不僅跑得快，
簡直是運動天才！

可是，那傢伙不是動漫宅嗎？

從好的角度來看不像。

⭐ 「很像」的兩種用法

　　覺得「這不是在稱讚嗎？有什麼問題嗎？」的人請慢點下結論，仔細想想看這句話哪裡出問題。

　　在特定條件下，讚美也會化為傷人的利刃，所以接下來要為大家解釋，為什麼「從好的角度來看不像」這句話為什麼會讓人聽起來不舒服。

　　首先讓我們思考一下「很像」這類詞彙。這類詞彙通常會以「很像○○」「很不像○○」的方式使用，而場景⑥最後的那句話其實是「從好的角度來看，很不像動漫宅」的意思。

　　「○○」這個部分的詞彙大致分成兩種，一種是能指稱個人的詞彙，例如「那件衣服很適合你，很有你的風格」「想活得像自己」，都是那個人實際擁有該項特徵的比喻。

　　另一種則是描述那個人所屬的集團，或是很多人都有的特徵（此時的特徵可換成「屬性」，不過有點難懂就是了）。

　　比如「為了該低年級學生好榜樣，行為要更像高年級學生」「只看過一次的風景，居然能記得那麼多細節，很像美術社團的人耶」「沒來由地對女兒的男朋友生氣，很像

脾氣臭得要命的老爹耶」。

這時候的「很像」就是在說明該屬性的性質。

⭐ 「很像」帶有評價的語氣

在這裡要請大家重點放在後者的「很像」其實帶有評價的語氣。這種「很像」具有語言本身不可思議的性質。

其實「很像○○」的說法，也很常用來描述別人其實不具備「○○性質」，例如我們不會說「年齡比低年級學生高，所以很像高年級學生」或是「參加社團的時候都在畫畫，聽起來很像美術社團的成員耶」。

因為「比低年級學生年長」就有「高年級學生」的意思，而「社團活動都在畫畫」本來有「美術社團成員」的意思，所以不需要說成「很像○○」，只有在那個人不一定擁有該屬性，或是有可能擁有該屬性，以及希望那個人擁有該屬性的時候，我們才會使用「很像○○」的說法。

那麼，假設我們以為某人具備該屬性，或是其實某人真的具備我們預期的屬性時，基本上「很像○○」的說法就是一種讚美，因為對方一如我們所期待的；可是當屬性是負面的，「很像○○」的說法也會帶有負面的評價，比如「很像脾氣很臭的老爹」就是其中一個例子。

更糟糕的是，那些本該是好的屬性，常因為我們的誤解，被扭曲成負面的屬性。

我的確認同「脾氣很臭的老爹」不是什麼好話，但只是喜歡動漫，就被說成臭宅，我實在無法苟同。可惜的是，當阿宅這個詞彙帶有負面意思時，「很像阿宅」這種說法就變成一種批評。

⭐ 絲毫沒有半點「讚美」的意思

沒錯，就是因為這樣，才需要加上「從好的角度來看」這個前置詞。

正因為說話的人「覺得很像阿宅不是好事」，才刻意加上「從好的角度來看」這句話。

換言之，「從好的角度來看很不像」這句話不僅在誇獎島田，還貶低了阿宅，所以「從好的角度來看」這句話，絲毫沒有半點讚美的意思。

其實冷靜想一下就會發現，動漫宅跟跑得快不快一點關係都沒有（減少運動，當然會多出時間看動漫，運動能力也會下滑，但我不覺得非得這麼熱愛動漫才能稱為阿宅）。

我們之所以會覺得「動漫宅不可能是運動天才」，一方

面是因為這個成見早在我們之間根深柢固；另一方面則是「很像○○」這種說法擁有不可思議的性質，很少在描述某人「絕對擁有」某項特徵的時候使用，通常都是在某人「可能」有種特徵的時候使用。

　　所以乍看之下，「阿宅」似乎可以與「運動能力不足」畫上等號，但其實兩者根本不相關，或相關性極為薄弱，所以才要利用「很像○○」這種說法將這兩者扯在一起。

　　「很像○○」的說法很好用，也很常用，但使用上要特別注意，以免硬將我們認為的「理所當然」套在具有特定屬性的人身上。

　　尤其與「從好的角度來看」一起使用時更是危險，一不小心就會變成貶低別人的語氣，所以更要注意使用的方式喔。

脫離困境的思維

「從好的角度來看，很像○○」這種特地強調○○的說法，實在沒有半點讚美，所以讓我們在使用「很像○○」的時候，要多注意我們是不是硬把自己的想法強加在別人身上。

必須知道的相關用語

【特性】（identity）

簡單來說，就是「獨一無二的自我（或不可或缺的元素）」。

雖然當我們這麼解釋後，「喜歡動漫」「跑得很快」就變成人人都有的元素，但也因為如此，才能說明「我就是這樣的我」。

當我們身上具有別人難以理解的部分，那麼別人就無法理解我們，也無法覺得我們與別人不同，所以「自我」才是令人感到不可思議的特色。

【所屬團體與參照團體】

顧名思義，所屬團體是指某人所隸屬的團體，而參照團體則是設定習俗或規矩的團體。

乍看之下，我們很遵守所屬團體的規定時，所屬團體＝參照團體，但其實所屬團體常不等於參照團體。

比如「明明是美術社團的成員，卻一心想成為廣播社團的成員，一副『人在曹營心在漢』的樣子」就是其中一例。而前述的「很像○○」的問題，其實也是同樣的問題。

專欄 ❶
你日文說得真好

除了日文以外，什麼外語都不會說的我，聽到母語非日文的外國人對我說日文，我真的非常感謝與敬佩。

但當我聽到跟我一樣不會說外語的人，在相似的情況下對外國人說「你日文講得真好」時，心裡總是難免有些波濤。

我知道，稱讚別人「日文得真好」的那個人沒有惡意，但你會這樣稱讚同樣以日文為母語的人嗎？刻意稱讚對方日文講得很好，反過來說，就是你不把對方當成「日文講得很好的人」。

對方的日文或許有點奇怪，或是根本不太會說日文。一旦對方覺得說日文是件「不自然的事」，而不願多說日文，那實在是太可惜了。

其實來日本的留學生之中，正流傳著「要是你還被日本人稱讚日文講得很好，代表你日文講得還不夠好」這種概念。

就算會說日文，也沒有義務要指導或評論正在學習日文的人，因為只要能達成溝通就好。要是真的聽不懂對方的日文，也只需要進一步問問對方真正的想法就夠了。

我覺得像這樣真誠地面對對方的經驗與想法，才真的算得上是對那些日文學習者的感謝與敬意。

第2章

包含著「私心」
的話語

場　景 ⑦

> # 你早點說清楚
> # 不就好了嗎？

勒索程度 ★☆☆

我覺得身體好重，
做什麼事都提不起勁……

我之前就想說了，
你最近是不是有點懶懶的啊？

沒有吧，
生理期很痛苦而已……

是喔，原來是這樣，
你早點說清楚不就好了嗎？

⭐ 幫助人的兩種方法

假設你覺得「早點說清楚不就好了嗎？」沒什麼不對，這是因為你覺得對方只要說清楚，你就一定會伸出援手。

但我想請你稍微想一下，如果真的說清楚，接著會發生什麼事情。我們或多或少都會遇到困難，也會需要別人的幫助，所以我們要在這個世上活下去，就得幫助別人，而這種幫助大致上分成兩種：

第一種是假設到處都有遇到困難的人，事先打造「讓幫助他人成為日常」的狀態。例如公共設施的電梯或導盲磚就是很典型的例子，其他還有「讓位給銀髮族」這類公民道德的規則，都算是其中一例。

另一種則是視情況幫助別人解決問題的類型。比如同學身體不適，要早退回家時，替他把借來的教科書還給隔壁班的同學。

這種情況很少見，所以很難預設什麼幫助別人的規則，而且視情況伸出援手才最有效果。

在我們的社會中，透過巧妙組合「讓幫助他人成為日常」與「視情況伸出援手」這兩種模式來幫助遇到困難的人，我們也應該以此為理想前進。

⭐ 就是不敢求援才陷入困難

話說回來，上述這兩種模式都有很大的問題，那就是我們要怎麼知道誰遇到困難呢？我們當然知道倒在路邊的人需要幫助，但又不是每個人的困難都這麼顯而易見。

最方便的情況，當然就是遇到困難的人自己說「我遇到麻煩了」。在日本，照護與育兒這類機構很常採用「只要願意說出來，我們就會伸出援手」的模式，但其實真的遇到麻煩時，卻往往很難開口求救。

比如身邊的人不太了解月經的痛苦（有些人會因為月經而肚子痛、失眠，甚至造成嚴重的健康問題）時，因為他們難以理解，所以就算你說出來，他們也很難感同身受。

「沒辦法求救，就算求救了，別人也不懂問題在哪裡」正是兩難之處。

所以「你早點說清楚不就好了嗎？」這句話，**其實有忽略「無法早點求救的困難」的意思，有點不夠體貼遇到困難的人。**

我不覺得「你早點說清楚不就好了嗎？」是句帶有惡意的話，因為會說這句話的人，其實是願意「幫忙」的，但是這句話不該對已經身陷困境的人說。

因為這麼一來，等於忽略「對方的困難之處就是無法求

救」這點，而且還強迫對方接受「真的遇到困難，就該早點說出來」這個前提，結果卻讓對方覺得「都是我不早點提出來，是我的錯」。

明明對方就已經不知如何是好，還要因此遭受你的責備的話，那不是更難求救了嗎？

⭐ 只要冷靜一下，就不會責怪遇到麻煩的人

「你早點說清楚不就好了嗎？」是句帶有善意的話，但之所以會被解讀成「錯的是不早點求救的你」，通常是因為後面又接了一些讓人氣餒或後悔的內容。

「你最近是不是有點懶懶的啊？」如果說這句話的人知道對方是因為生理期來了才提不起勁，應該會覺得自己怎麼可以說出這句不長心眼的話，這就是我們有良心的證據。

但當我們想消除這股罪惡感時，常常會脫口說出：「你早點說清楚不就好了嗎？」這類句子，反過來把罪怪在對方頭上。

再沒有比有良心的人因為良心，把遇到麻煩的人進一步推入困境的情況更加令人遺憾了。不過，只要我們冷靜一下，就能避免上述的事情。

　　如果你覺得自己有可能說錯話，或甚至已經不小心說錯話，不妨跟對方說：「對不起，我沒發現你不舒服，有沒有我能幫忙的地方呢？」如果對方是願意向你訴苦的人，一定會很開心地接受你的道歉與善意。

脫離困境的思維

 我們有時就是會不小心責怪向我們訴苦的人，所以讓我們進一步了解「對方的困難之處就是無法求救」這個道理，學習讓對方知道你想幫忙的心情。

必須知道的相關用語

【生存權】

日本國憲法第25條第1項為「所有國民都有權力擁有健康與最低限度的文明生活」，這就是所謂的生存權。

能讓每個人都擁有最低標準的幸福，這的確是非常棒的發想，但是若問誰該擔起責任幫助每個人的話，該憲法的第25條第2項也提到「國家必須在各種生活層面努力提升社會福利、保障與公共衛生」，所以國民應該要經常確認國家是否真的如上述般恪盡職守。

【申請主義】

在日本，老人照護、保育、生活補助或是其他相關的補助與服務都必須自行申請，換言之，就是採用「只要願意說出來，我們就會伸出援手」的模式，也就是所謂的申請主義。

但有時候，遇到困難的人連申請都說不出口、申請補助的門檻太高，或者在不知道有什麼補助與服務的情況下，就很難想到還有申請補助這個選項，所以行政機關應該試著主動推廣這類補助與服務，才能真正地幫助弱勢。

場　景　⑧

> # 我不想知道這些，
> # 你可以不用說這麼多。

勒索程度 ★ ★ ★

我家很窮，
所以我想在上高中之後，
打工賺自己的學費。

哇，好了不起啊，
這樣真的很不容易

沒辦法啊，我爸外遇又離家出走，
家裡只剩下我跟我媽……

呃，我不想知道這些，
你可以不用說這麼多啦。

⭐ 覺得難過的時候，
更容易遇到翻臉不認人的事

儘管並不多見，但有時候真的會遇到原本跟你很要好、結果突然翻臉不認人的人。你一向對方訴苦，對方卻突然變得很冷淡的話，真的會讓人很想問個究竟對吧？

明明是「想讓你知道我的事情」，怎麼結果會與預期背道而馳呢？該怎麼做，才能挽回這種情況呢？讓我們一起想想看吧。

線索就是你訴苦的內容「是你覺得難過的事」，反而更容易讓對方翻臉不認人這點。

其實我們很難想像，不過是向對方坦白家裡在開蔬果店，對方怎麼可能會變得很冷淡（其實用「坦白」來形容「家裡在開蔬果店」這件事，也有點誇張吧）。大多數的人應該都只有「喔，這樣啊」的反應才對吧？

那麼如果有人向你訴苦，你也只像是聽到對方跟你說「我家在開蔬果店」一樣，回道：「喔，這樣啊」就好了嗎？不會吧？我們應該都會覺得這種回應有點冷淡才是。

我們總是會覺得要是有人跟我們訴苦，我們更積極地「幫助」或「支持」對方才對。

正因為我們有良心，所以會覺得自己或多或少有責任要

幫助向我們訴苦的人，當然，這完全是對的事。

只是有些人無法承受自己的良心（或是情況不允許），或是完全不想伸出援手，所以無法幫助或支持看起來很難過的人，一聽到對方跟他訴苦，就很容易否定對方，有時候甚至會回答「這又沒什麼大不了的」。

像上述範例那種絕對是很嚴重的事情時，這種人就會以「我不想知道這些」這類說法消極地回應。

★ 「難過」與「求助」的界線

話說回來，單親家庭的人真的會很直接地求助，例如會開口問「能不能借我一點錢」嗎？不會這麼直接吧？

明明對方沒有要你幫助，你卻覺得對方一定會開口，但你又幫不了，所以先擺出一副「別開口要我幫忙」的表情，拒人於千里之外，這樣會不會有點太誇張了呢？

覺得對方會向你訴苦，結果真的跟你訴苦的話，**靜靜地聽對方說完，就等於給予對方支持與幫助了。**

傾聽對方的心事，等於尊重對方想訴苦的心情，所以不需要先擺出一副「別開口求助」的臉色，只需要告訴對方，你有把他說的話聽進去了，也可以跟告訴對方「謝謝你跟我說這些事」或是「這樣啊，一定很辛苦吧，有我能

幫得上忙的事，一定要告訴我」。

人際關係是相當長久的事，不需要什麼事情都在現在用一句話解決。

當然，有時對方除了希望你聽他訴苦，更希望你能助他一臂之力，這時候你可以再量力而為地幫忙；如果實在沒辦法，也可以請別人一起協助。

為了請別人一起協助，需要很多「我知道那個人現在很不好過」的人，否則是沒辦法找到別人幫忙的。而要找到別人幫忙，最快的方法就是你先成為那個「願意傾聽心事」的那個人。

如果能讓身邊的人覺得你是「聽聽別人訴苦也無妨」，應該就能在當事人身邊建立厚實的同溫層。

如果你跟某人訴苦，結果對方卻跟你說「我不想知道這些」，那你有兩個選擇，第一個選擇是訴諸對方的良心，進一步告訴對方「我不是要你幫我什麼，只要你願意聽完我就很感恩了」，再看看對方的反應。

第二個選擇是離開對方。誠實面對自己的良心，願意在能力所及的範圍內幫助別人的人還有很多，不然你也可以跟對方說「我只是希望你聽完，你幹嘛那麼冷淡啊」或是「早知道我就不說了」，總之你可以根據你有多生氣或是與對方的關係，選擇不同的方法面對對方。

脫離困境的思維

只要知道光是傾聽，對他人來說就是一種支持、幫助，我們應該都很願意互相幫助才對。讓我們先成為那個願意傾聽的人吧。

必須知道的相關用語

【傾聽】

傾聽的意思，是積極地聽取對方所說的話。但從心理諮詢師或精神科醫師這類讓人從困難之中振作的職業來看，所謂的「傾聽」有「不提出意見，讓對方盡量說，自己盡量傾聽，然後不做任何有關優劣的評論」之意。

其實在對方不斷地訴苦之中，那些令對方難過的原因通常會越來越具體（不一定會因此而不難過），因此比起問個不停，或是一直提出意見，傾聽更尊重對方，更能有效解決對方的煩惱。

這實在是很不可思議對吧？但即使不是什麼專家，只要知道「對方來找你商量，不可以立刻給意見」這個道理，彼此就能更輕鬆、更暢快地對話。

有機會的話，請大家務必挑戰一下「傾聽」喔！

場 景 ⑨

那些事就讓
那些人去做。

勒索程度 ★ ★ ★

老師好，
我們要在這次的校慶公布體罰的調查結
果，不知道能不能請老師幫忙？

我沒體罰過學生。

我知道，
所以才請老師協助。

那些事就讓那些人去做，
跟我沒有關係。

⭐ 拒絕的重點被轉移

該說是冷淡還是無情呢？我們總是會覺得，既然是老師，應該多花點心思傾聽學生要說的話吧，但這位老師也沒武斷地說「體罰調查結果不應該公布」，反而是態度有所保留，避而不談。

其實不管走到哪裡，我們都可以發現，有些人雖然沒直接了當地否定眼前的話題，卻對眼前的話題避而不談，一副跟他毫無關係的樣子。既不贊成，也不反對，這種明擺著不想淌渾水的態度，到底是什麼意思啊？

讓我們先想想，案例裡的老師對於體罰調查的公布到底是贊成還是反對吧。

儘管學生已經說：「我知道老師不會體罰學生。」但老師不僅沒有同意學生的說法，還選擇忽略這句話，可見老師其實不反對體罰，或是對於反對體罰有所遲疑。

或許這位老師的內心深處認為體罰根本不成問題，也有可能他覺得體罰固然不好，但不想碰觸這類話題。但不管他怎麼想，他的確沒有直接了當地反對體罰。

其實像上述這位老師拒絕涉入話題的方式，不僅是拒絕參與相關事務，也否定了學生預設的正義。

但是為什麼老師不直接否定學生認為的正義呢？這是因

為老師知道「不拒絕這件正確的事」是普世價值，才以拒絕參與的方式模糊焦點。

假設身為老師，卻主張「體罰沒什麼大不了的」，這恐怕才真的是問題，所以他才會說「體罰跟我沒有關係」，而不是說「體罰好像不太好」。

★ 「那些人」都是「哪些人」？

接著讓我們想想「那些事就讓那些人去做」裡，老師所說的「那些人」又是「哪些人」吧。

老師雖然表明「體罰」跟他無關，但他心中似乎覺得某些人很適合對體罰發表意見。

曾被體罰過的學生、主張不該體罰的老師，長期研究體罰的學生會家長等，這些似乎都能與老師口中的「那些人」畫上等號。

但老師口中的「那些人」實際上到底是哪些人，我們當然無從得知，恐怕就連老師自己也沒預設是哪些人，只是覺得讓那些平常就很關心這類話題的人去做就好。

我們都知道，體罰是所有人都該關切的問題，有可能體罰的老師也應該比任何人都關注這個問題。

不關心這個問題的人反而更有可能會體罰學生，所以不

關心體罰問題的老師其實更應該比任何人關心這個問題。

以「那些事就讓那些人去做」為藉口，拒絕參與此事的老師，才更應該思考體罰這個問題。

一被問到問題就說「跟我沒有關係」的人，通常才是最有關係的人，也更是需要積極涉入這個問題的人。

話說回來，曾受過體罰的學生、曾為了朋友被體罰而難過的學生，覺得同事不該體罰學生的老師，都會不自覺地思考體罰這件事，所以若有人能不去想體罰這件事，代表體罰這件事對於某人有利。

我覺得，至少該消弭這樣的不公平，當然更好的是，我們應該朝著沒有人會體罰與被體罰，讓這世上不再有體罰這個問題的方向前進。

從前述的內容中，我們似乎能了解到面對「那些事就讓那些人去做」這句話的方法了。

首先要確定對方：「你應該是反對體罰的吧？」這麼做就能讓對方跟你站在同一陣線（也就是抓住對方的話柄）。

就算沒辦法讓對方現在就協助你，但同陣營的人越多，對未來的發展越是有利。

接著再直接問對方：「那你覺得應該跟誰有關係？」

　　如果對方意識到「必須認真看待你問的問題（哪怕是心不甘情不願）」而願意回應的話，那還算幸運。

　　如果對方還是一副事不關己的樣子，那就找別人加入陣營，然後再去問原本那個人的意見，會比較有效率。

脫離困境的思維

「那些事就讓那些人去做，跟我沒有關係。」代表這個問題與會這樣說的人絕對有關。若能讓對方接受他不得不認同的理論，哪怕是心不甘情不願，也有助於將來解決問題。

必須知道的相關用語

【體罰】

若問「到底可不可以體罰」，日本的法律明文規定「不可以」。學校教育法第11條為「校長及教職員在教育所需的情況下，可依照文部科學大臣的規定，對兒童或學生施以懲戒，但不得以體罰的形式進行」。

自二〇一三年，日本文部科學省對體罰下了明確的定義，該定義為「主要是體身體造成侵害的內容（毆打或是踹）」「對兒童、學生造成肉體上的痛苦」（讓兒童或學生長時間維持正座、罰站或特定姿勢）」。

此外，除了退學、停學、訓導之外，「指責、叱責、留校、個人指導、立正、功課、打掃、值日生、罰寫」這些不會造成肉體痛苦的處罰，都算是懲戒的一種。

當然，到底什麼算是懲戒？什麼又算是體罰還有討論的空間？父母親或老師覺得在學校當然可以體罰的時候，通常沒研究過相關的法律，所以這些父母與老師當然會被人覺得連討論體罰的起跑線都還沒站上去。

場 景 ⑩

> 這也不能說、那也不能說的
> 話,那不就什麼都不能說了?

勒索程度 ★★★

山本老師很受學生歡迎耶!

因為是女老師吧,
美女果然很吃香啊。

這樣說對山本老師很失禮吧……

我是在稱讚她漂亮耶,
這也不能說、那也不能說的話,
那不就什麼都不能說了?
真讓人不舒服。

⭐ 雞婆其實是一種麻煩

那麼請什麼都不要說，這樣對大家比較好……場景⑩的答案不能只是這樣。

讓我們一起想想，「這也不能說、那也不能說的話，那不就什麼都不能說了？」這句話的問題出在哪裡吧。

場景⑩是學生與某位男老師討論山本這位女老師的內容。由於山本老師很受學生歡迎，所以當場景裡的這位男老師說「因為是女老師」「因為是美女」所以才受歡迎時，學生才挺身為山本老師抗議。

之所以剛剛會以「挺身」形容學生的行為，是因為這位男老師對山本老師的發言在兩個意義上有問題。

第一點，對這個男老師而言，只要是「女性」或「美女」，不管老師當得稱不稱職，就能得到學生的喜愛，這等於在說山本老師沒經過任何努力就受到學生的歡迎，也等於暗指山本老師「不怎麼努力」（所以男老師才說山本老師「很吃香」），這實在是不適當的發言。

另一個問題是，讓學生聽到這種不正當的評論。是的，學生有時的確會以性別或外表評論老師（例如老師頭髮染成褐色會被認為「不認真」「不適合當老師」），但坦白說，這真的很雞婆。

　　而且從老師的立場來看，應該要教導學生這種評論很多管閒事，也很失禮才對，但故事裡的老師問題居然比學生更嚴重，更以性別與外表評論別的老師，完全沒發現自己做了老師不該做的事。

⭐ 其實老師也知道這樣很失禮

　　這位男老師雖然對山本老師說了不應該說的話，但他似乎沒發現自己很失禮。若只是不懂，他應該在學生抗議之後問：「我這麼說哪裡失禮了？」但他連自己哪裡失禮都不知道。

　　所以最有可能的是，他在學生抗議之後，知道自己很失禮（被學生指出問題），所以才脫口說出：「這也不能說、那也不能說的話，那不就什麼都不能說了？」這句話吧。

　　「這也不能說、那也不能說」這句話，會讓人有種「其實很想這麼說」的感覺，而「真讓人不舒服」的這句話則透露出「不想這也不能說、那也不能說」的心情。

　　換言之，這位男老師知道這世上有「不該說出口的某些事」，卻不想遵守這個規則。

　　我們已經知道的是，覺得老師會因為性別或外表而占

便宜的認知是有問題的，所以當我們聽到「這也不能說、那也不能說的話，那不就什麼都不能說了？」這句話時，應該告訴對方「不能這麼說是有原因的，所以請不要這麼說」。

不過在此讓我們繼續探討一下，因為「這也不能說、那也不能說」這句話，其實是在說山本老師的性別與外貌。

若是不把這些當話題，應該也有許多關於山本老師的其他話題才對，所以「那不就什麼都不能說」這句話實在太言過其實了。

這位男老師其實可以從山本老師對學生的說話方式是否得體、對於負責的學科是否具備豐富的知識、教學的方式有什麼特徵以及其他方面來評論山本老師。

男老師的「那不就什麼都不能說」只在一種情況下成立：那就是這位男老師總是從山本老師的性別與外表來評論她。

一直在意同職場的老師的性別與外貌實在是件不太自然的事，說得更精準一點，還讓人覺得「不太舒服」，不過說不定真的有這種老師。

像這位男老師一樣，這麼在意女老師性別或外表的情況應該非常少見，但這或許代表這位男老師平常就戴著「有

色眼鏡」來評論山本老師，也就是從山本老師的性別或外貌去評論她的能力。

　　一旦摘掉這副有色眼鏡，等於否定自己過去的評論，所以男老師才會說出「那不就什麼都不能說」這種過於誇飾的說法。

　　當然，這位男老師應該拿掉這副有色眼鏡比較好。如果聽到「那不就什麼都不能說」這句話，請務必以「只是不能把性別或外貌當成話題來講，就什麼都不能說的話，您是不是太不了解跟您一起工作的山本老師呢？」來回應吧。

　　如果不想讓人覺得你只在乎性別與外表，就應該能把話說得更周全才對。

脫離困境的思維

 讓對方不會因為避開一些失禮的話題就無法評論，誘導對方「應該還有一些值得拿出來討論的話題吧？」，然後避免那些失禮的話題。

必須知道的相關用語

【外貌至上主義】（lookism）

姣好的容貌、凹凸有致的身材、青春、時尚感以及諸如此類的特質，對戀愛、結婚、人際關係，以及對學校、職場及其他公共場合的生活造成明顯影響的現象，我們稱之為外貌至上主義。

各種對外貌至上主義的研究指出，這種主義更常套用在女性身上，換言之，女性比男性更常被品頭論足。

【間接歧視】

間接歧視的意思是，具有某項特徵的人雖然未因某些明訂的條件而蒙受損失，卻因為某些間接的條件而遇到不公平的對待（第8章將進一步解說「歧視」）。

比如以「不論男女，都需要有一定的顏值」作為招募教師的條件時，女性通常被要求要更重視外表，所以這個條件對女性是不利的，這也是間接歧視的一種。

（當然，這個條件更嚴重的問題，在於「外貌」並不是能否勝任教職的條件，兩者不該相提並論。）

專欄 ❷
有些事僅限帥哥

「明明被喜歡的人親或是握住手是那麼開心的事，換成其他男人就說什麼很噁心、很受傷，這不是很奇怪嗎？」為了讓這句批評說得有道理，常有人說「人帥真好，人醜性騷擾」，但這句話讓人覺得很不公平吧？

建議大家就勇敢地說出口：「僅限帥哥有什麼不對？」

每位女性的審美觀都不一樣，有些女性則是喜歡女性，所以重點在於「我想被喜歡的人觸碰，但不想別人隨便對待我，這個想法也值得被尊重」。

不管是談戀愛還是交朋友，只需要在「彼此有好感的時候加深彼此的關係，就算對方喜歡你，也不一定非得接受對方的感情」，這樣才算是平等的關係。被迫接受某人的好感，其實就是一種「不平等」。

不過，就算「僅限帥哥」這句話真的成立，也不能因此就對對方為所欲為。

除了不能做出傷害對方身心的行為之外，若接下來的行為有可能會傷及對方身心，也應該先讓對方知道，取得對方的同意。

就算對方是非常仰慕的男偶像，女性被「壁咚」還是會害怕的，所以「僅限帥哥」這句話不代表「只要是帥哥，做什麼都沒關係」。

第3章

「我知道」是
誤解他人的代表句

場 景 ⑪

我有朋友也這樣，
所以我懂。

勒索程度 ★★☆

我小學的時候，
爸爸有段時間因為生病沒工作……

啊，我有朋友也這樣，所以我懂。

咦，懂什麼？

就是便當只能醬油配白飯啊？

⭐ 不管怎麼解釋，這句話都很失禮

我一直覺得，會這麼口無遮攔的人應該不多，但這句話到底哪裡不禮貌呢？

的確，爸爸沒工作所以覺得對方應該很窮，而且有可能對貧窮有某種成見。

但「醬油配飯」這句話到底哪裡冒犯到別人呢？對方有可能真的家裡很窮，也有可能真的每天三餐不繼，所以不能因為「與事實不符」就說這句話很失禮；而是**「雖然不知道具體的理由，但不管怎麼解釋都讓人覺得很失禮」**的部分才會讓人覺得失禮。

是的，這句話之所以失禮，**在於明明不知道事實為何，卻妄下斷言的部分。**

讓我們換個方式說吧，這種武斷的語氣才是讓人覺得失禮的部分。話說回來，父親失業的學生反問：「咦，懂什麼？」時，她應該是覺得「我明明什麼都還沒說，你到底懂了什麼啊？」

⭐ 表達善意的方法

雖然妄下斷言很失禮，但如此武斷的人有時根本不知道自己失禮，還以為自己「很懂爸爸沒工作是怎麼一回事」，所以才會說什麼「我有朋友也這樣，我懂。」

讓我們進一步探討這個誤解吧，我們很容易在遇到那類處境的人之際，以為對方就是過著我們以為的那種生活。但不一定每個人都會說出自己的想法，更多的只是默默地覺得「這遭遇跟我認識的某人很類似啊」。那麼為什麼會有人把這類想法說出口呢？理由好像有很多種。

第一個理由是，有些人只是想炫耀自己懂很多，換言之，只是假裝知道是怎麼一回事。

第二個理由是，告訴對方自己懂很多，藉此讓對方知道「這是很常有的事，沒什麼大不了的」，淡化這件事的重要性。

不過說出「醬油配白飯」的學生應該不是這麼想，她有可能是想體貼對方。當聽到對方陷入「爸爸沒工作」這類困境時，我們常基於善意與為了安慰對方而脫口說出「我懂」這類回應。

「我不是不懂體貼的人，所以不用擔心」，其實朋友是這個意思，也覺得這種體貼很偉大，但不管是善意還是很

偉大，這種擅自作結論的行為只會適得其反。

一旦父親失業的學生覺得「這傢伙什麼都不懂還裝懂」，自然會對朋友產生敵意或是與朋友保持距離，因為她認為朋友的善意根本未奠基於任何事實之上，也沒帶來任何幫助（但朋友卻一心覺得自己幫了大忙）。

如果有讀者覺得那位朋友「明明是好心，居然被當成驢肝肺，被關心的那位學生還真是任性」的話，我必須告訴你，**這不過是瞧不起對方，根本不算什麼好心。**

如果你覺得自己只是出於好意，就應該想想該怎麼做，才能讓對方知道你的體貼。

所幸，有別的方法可以表達善意，而且還很簡單：那就是有什麼不懂就直接問。

以場景⑪為例，朋友可以問她：「那有遇到什麼困難嗎？」或是「爸爸什麼時候找到工作的呢？」但語氣別咄咄逼人，硬要對方回答問題。

不過，父親失業的學生既然能跟朋友談到爸爸的事，想必是有些心事想一吐為快吧？等朋友知道她的情況真的其他認識的朋友很像時，再跟她說「其實我有朋友也這樣」，她應該就會覺得「朋友真的很懂她的處境」才對。

脫離困境的思維

千萬不要還沒聽對方說什麼，就擺出「我懂，我有朋友也這樣」的態度。

記得提醒自己「每個人的問題都不一樣」，然後在不冒犯對方的前提下提出問題，以及盡力了解對方的情況。

必須知道的相關用語

【I have black friends 說話方式】

指的是歧視黑人的白人為了正當化自己的行為，而主張「我有黑人朋友，所以我不可能歧視黑人」的說話方式。

有可能他的黑人朋友已經快受不了，也有可能這個白人的確對他的這位黑人朋友很好，卻歧視其他的黑人。不論是哪一種，把有黑人朋友當作藉口，主張自己沒有歧視黑人，就是在利用黑人，也等於是歧視黑人。

除了黑人之外，性少數者或身心障礙者也常像這樣被當成藉口，而這些言論也都會遭到批評。

場 景 ⑫

我身邊又沒有這種人，
我怎麼會知道。

勒索程度 ★ ★ ★

森川今天也沒來上課耶……

之前上體育課的時候他也說
身體不舒服，
該不是偷懶吧？

才不是偷懶啦，
他氣喘很嚴重，
應該是身體很不舒服。

是喔，
但我身邊又沒有氣喘的人，
我怎麼會知道。

⭐ 拉高門檻只是一種藉口吧？

其實上述的故事非常單純，就是其中一位學生認為沒來上課的人在偷懶，但被知道實情的學生反駁，最終只好惱羞成怒，所以才會把氣喘這件事撇得一乾二淨。

讓人在意的是，為什麼這位學生會說「我身邊又沒有這種人，我怎麼會知道」這句話？

其實會說什麼「我身邊又沒有這種人，我怎麼會知道」，**只是為了把身邊沒有這種人當成正當的理由（至於這到底算不算正當理由，留待後面探討）**。

換言之，**這個學生的意思是「如果我身邊有這樣的人，我一定不會說得這麼無情」**。

不過請大家再多想一下，如果這位學生真的這麼想，那只要說「原來如此，我都不知道是這麼回事」不就好了嗎？只要說得坦白一點，或是乾脆直接道歉，聽起來就會很不一樣。

「我都不知道是這麼回事」絕對是個好理由，那為什麼他還要加一句「我身邊又沒有這種人」呢？

請你想想上述的例子裡，身邊真的要有氣喘的人，才能「懂」是什麼情況嗎？

大部分的國高中生應該都聽過氣喘這個病名吧？而且森

川可能也不是第一個因為氣喘而請病假的學生，所以不一定身邊非得有氣喘的朋友，才能了解有些人會因為氣喘而不得不請病假──「身邊沒有這種人」只是個藉口。

　　會拿這種說法當藉口的理由其實不難理解，只要想想這句話的效果就會明白是怎麼一回事。

　　只要以「身邊又沒有這種人，我怎麼會知道」當擋箭牌，拉高「理解他人」的門檻，就能主張「是因為理解他人的門檻太高，所以我才不知道」。

　　換言之，這是為了強調「不知道事實的我沒錯」，所以才故意加一句「我身邊又沒有這樣的人」這種與事實無關的話。

　　明明只要在被責備的時候道歉，事情就可以圓滿落幕，卻硬要主張「我沒錯」，這樣的人真的很丟人現眼。

　　如果你發現有人拿「身邊又沒有這種人，我怎麼會知道」當藉口的話，你可以拿「這件事又沒有那麼難懂」堵住他的嘴，反將他一軍。

　　以場景⑫為例，當對方說「我身邊又沒有氣喘的人，我怎麼會知道」的時候，學生可以回他「我知道的也沒那麼多，但我知道氣喘很辛苦，所以我覺得森川至少今天應該好好休息」。

　　最痛苦的是氣喘發作的森川，所以這種說法能一邊能表

達出學生對森川的關心，也能一邊委婉地堵住對方的嘴。

⭐ 不聲張自己很懂，也不以無知當藉口

我們先前透過場景⑪了解「我有朋友也這樣，所以我懂」是假裝自己很懂的問題；而場景⑫的「我身邊又沒有這種人，我怎麼會知道」是假裝自己不知道的問題。

我們可從這兩種問題得到一個很嚴格的結論：那就是假裝自己很懂與假裝自己不懂都不好。如果「假裝自己很懂」與「假裝自己不懂」都不行的話，那是不是什麼都不能說了呢？

沒有這回事，想必大家讀到這裡已經知道，「我也有朋友這樣，所以我懂」與「我身邊又沒有這種人，我怎麼會知道」的說法之所以有問題，**是因為說這些話的人根本不想了解情況，也不想理解陷入困境的人，而故意把話題帶往「我知道」或「我不知道」的方向。**

所以我們不該聲張自己很懂，也不該以無知當藉口，只要讓對方知道你知道哪些部分即可。但這可不太容易，因為我們通常也不知道自己到底懂多少。

之所以會把話題帶開，是為了讓對方安心，也有可能是為了讓對方覺得這件事其實沒什麼大不了，但最主要的原

因就是怕別人指責，怕自己丟臉。

其實就算不知道自己知道什麼，只要多用心一點，就能察覺自己的內心到底是善意還是惡意。

換言之，**只要懂得把陷入困境的人擺在第一順位，而不是找藉口逃避，就能了解自己的想法**。如此一來，你也能透過自己擁有的知識幫助對方，還能反省自己有沒有真誠地對待陷入困境的人。

就算你沒辦法立即幫對方解決問題，但這也是我們每個人目前都能做得到的事，而且也很有效。

脫離困境的思維

之所以會把話題帶往「我身邊又沒這樣的人，我怎麼會知道」的方向，是為了拉高「理解他人」的門檻。

只要告訴對方：「這件事又沒那麼難懂」，就能避免對方把這句話拿來當藉口。

必須知道的相關用語

【盟友】（ally）

這原本是指非性少數者，卻想幫助性少數者解決煩惱或問題的性多數者，現在這個詞彙也很常用來形容女性、身心障礙者與外國人的問題。

但就算是弱勢族群，遇到的問題也各不相同，所以有越來越多的弱勢族群主張自己是其他弱勢族群（例如性少數者、女性、身心障礙者、外國人）盟友。

盟友常被定義為「願意幫忙解決煩惱與痛苦的善心人士」，但如果是以高高在上或自以為是的態度給予幫助，當然也會被弱勢族群討厭。

雖說不是非得有相同煩惱才能為協助對方解決，但在幫助對方之前，一定要避免自己不經意傷害了對方。

場景 ⑬

這樣單方面的批評，對方怎麼可能會懂呢？

勒索程度 ★★★

畢業旅行的活動
為什麼是由老師一個人決定，
不是由學生討論決定呢？

應該是因為畢業旅行是上課，
不是去玩吧？

老師連列出要去的地方、
讓學生選擇的機會都沒有，
這樣真的很奇怪耶！

你這樣單方面的批評，
對方怎麼可能會懂呢？

⭐ 批評本來就是「單方面」的

　　雖然被另一位同學說她是「單方面的批評」，但想全班一起決定活動內容的學生已經與老師討論過，卻被老師單方面拒絕，所以「單方面決定一切的人」，很可能是老師才對。

　　至少找老師交涉的學生絕對不是單方面做決定的人，所以沒理由被對方說：「像你這樣單方面的批評，對方怎麼可能會懂呢？」

　　讓我們繼續研究一下這句話裡的細節。「單方面的批評」到底是什麼意思？批評當然是單向的吧？如果不是單向的，那到底什麼是「雙向的批評」？是「互相批評」嗎？所以批評老師的學生也得被批評？這樣不是很奇怪嗎？真正的重點是批評的理由或根據才對吧？

　　這句話有許多令人質疑之處，但「單方面」這個詞彙在這句話裡是多餘的。

　　由於「單方面」這個詞彙給人不好的印象，所以加了這個字之後，與老師交涉的學生會被貼上壞學生的標籤。只要沒有忽略對方的意見，單方面的批評就不會成立。

★ 對方怎麼可能會理解

接著要思考的是「對方怎麼可能會懂」這個部分。這個部分比剛剛的更加重要，因為認同這個說法，就會失去討論的公平性。

「因為是批評，所以對方不會懂」，這種說法只對「一心不想理解對方」以及「假裝不懂」的人有利。

假設希望得到認同的那一方不論怎麼說，另一方都只需要說「我無法理解」的話，就能把所有的錯怪在希望得到認同的那一方，還能一直主張「我無法理解」。

雖然有點粗魯，**但如果無法主張「聽不懂是你這傢伙的錯」，那麼討論就不會公平。**

討論若不是要讓對方理解，那到底誰該理解呢？我認為如果對方是能理性思考的人，應該就能說到懂為止，這也才是討論的焦點。

話說回來，我們不太需要預設對方是「能理性思考的人」。當然，所謂的「理解」，預設是「我能理解、你能理解，誰都能理解」的意思，但如果預設對方「是能真的理解」的人，就必須隨時思考對方會怎麼想，會如何理解，最終只會得到「我以為你都懂」的結果。

所謂的「理解」，就是讓「賢者」住進內心，然後參考

這位賢者的判斷，再想辦法了解別人。

若說得極端一點，讀書也是這麼一回事。為了正確地在「了解」與「不了解」之間畫出明白的界線，必須先知道所謂「能理性思考的人」都是擁有哪些知識或能力的人。

如果自己能成為「理性思考的人」當然是最理想的，不過我們在判斷事物時，往往會帶有主觀與偏見，所以我認為讓賢者住進內心，時時思考「如果是能理性思考的人，會怎麼看待眼前的問題」是有意義的。

話題好像有點走偏，變成討論「懂得理解別人的人，是怎麼樣的人了」。我們該討論的是「單方面的批評，對方怎麼可能會懂呢」這句話哪裡奇怪，所以讓我們回到這個話題吧。

如果有人跟你說「這樣單方面的批評，對方怎麼可能會懂呢？」的話，你該怎麼回應呢？最簡單的方法就是回問對方：「那你覺得哪邊的說法才正確？」

因為**對方把焦點放在討論的方式，而不是討論的內容，所以只要把焦點拉回討論的內容就好。**

你可以舉出「由老師自行決定適合畢業旅行的地點」與「老師舉出幾處適合畢業旅行的地點，再由學生從中挑出地點」的選項，再問對方覺得哪種方式比較適當。

順帶一提，這種方法也能用來對付拒絕溝通的老師，因為老師應該也會覺得在兩個提案之中，後者是比較理想的方式。

不過，有時會因為一些外部因素而無法如願以償，比如沒辦法騰出時間討論，或是必須與其他班級選擇不一樣的地點等，不過若真有這些問題，老師也只需要跟學生解釋清楚，而且也能另外提出解決方案。當學生明白是因為沒有別的選項老師才自行決定，就能接受這個「不得已」的選擇。

請務必利用各種手段喚醒老師內心的「賢者」。如果覺得老師的內心沒有住著「賢者」，那就該早點向其他老師尋求協助，另尋自救之道。

脫離困境的思維

討論的公平性不該只由尋求認同的一方維持，只有在不願認同的一方也認為自己有義務維持時，所謂的公平才得以成立。

讓我們試著喚醒對方內心的「賢者」吧。

必須知道的相關用語

【理性】

「能好好思考事情」的能力其實就是所謂的「理性」。

哲學家曾用各種方法定義「理性」這個詞彙，也曾針對這個字進行許多討論，所以這個字不是三言兩語就能說得清楚的。

但不是哲學家的我們，通常是把「理性」解釋成「具有整合性思考的能力」。

一般認為理性是近代人（但不同的學者對於「近代」一詞有不同的見解，還真是讓人覺得麻煩）最重要的特質，但最近有不少針對「理性」這個詞彙的討論。

例如：以「我們真的如自己想像的明辨是非嗎？」為題，討論理性是否有極限，或是理性與感性真的是對立的嗎？這種定義是正確的嗎？

雖然只是我個人的感受，但我認為生而為人，理性是我們的救命繩，即使理性不是那麼必要與萬能，而且還很脆弱，但缺少理性會讓我們不知該如何是好。

專欄 ❸
**明明是大阪人，
怎麼會這麼無聊？**

某天，我有位大阪朋友憤慨地跟我說了一件事。

他告訴我每次聊天時，都有人希望他說點有趣的，如果沒有，對方就會失望地說：「明明是大阪人，怎麼會這麼無聊。」

莫名其妙被人失望還真是種困擾，甚至可以說是種麻煩。

這件事的棘手之處，在於有些大阪人也覺得「身為大阪人，說話就該有趣」。

對這些人來說，妙語如珠是「大阪人」特有的專長，所以從來沒想過「身為大阪人，說話就該有趣」這句話會造成別人的痛苦，說不定他們還覺得自己對提升大阪人的地位有所貢獻。

覺得「身為大阪人，說話就該有趣」的大阪人很麻煩嗎？我無法贊同這個論點，因為當這些大阪人為了回應其他縣市的人的期待，而催眠自己「我說話得說得有趣才行」時，這個大阪人也等於是上述偏見的受害者。

有些大阪人說話很有趣，但有些不是，而且日常的對話哪需要什麼亮點？雖然有趣不是壞事，但實在不需要硬逼自己擠出笑話，日常的對話應該輕鬆一點就好。

第4章

心中充滿誤解，
所以「擅自下結論」

場　景 ⑭

> # 試試看，
> # 就知道好在哪裡了。

勒索程度 ★★☆

我上高中之後，
不打算參加社團活動了。

咦？你不是說過要繼續踢足球嗎？

我打算改以進入青少年足球隊為目標！

可是大家都有參加社團活動啊，
參加看看吧，你就知道社團好在哪裡了！

⭐ 有些事的確
「試試看，就知道好在哪裡了」

看到某人為了目標而努力時，會讓人覺得這個人好厲害，同時也會覺得這個人離自己越來越遠，有種落單的感覺對吧？

覺得自己落單，沒辦法誠心聲援朋友的人，想把喜歡踢足球的那位朋友留在自己的生活圈，所以使出懷柔策略（委婉地希望對方順從），勸說那位朋友參加社團活動。

只是場景⑭的情況，似乎沒辦法用一句「大家都有參加」留住愛踢足球的朋友。

這句話對於不清楚自己想做什麼的人，或是習慣隨波逐流的人來說或許有效，但是對那些目標明確的人來說，這就是可有可無的一句話。更何況所謂的「大家」，也不是真的「所有人」都這樣。

那麼「試試看，就知道好在哪裡了」又有什麼問題嗎？

我也有過被朋友找去看原本沒興趣的電影，結果發現電影很好看的經驗。的確，「試試看，就知道好在哪裡了」的這句話在大多數的情況下都是成立的。

★ 隱瞞了優劣的判斷

　　不過，在此要請大家停下來思考一下「試試看，就知道好在哪裡了」為什麼具有邀請的語氣呢？此外，為什麼這句話會有儘管當事人有其他想做的事，但還是應該以「試試看，就知道好在哪裡了」為理由嘗試看看的意思呢？

　　第一步，先讓我們確認一下理所當然的部分。

　　「試試看，就知道好在哪裡了」這件事本身沒有什麼不好。比如「這個洋芋片很好吃，要不要吃看看？」這個推薦本身沒有什麼不好，所以建議別人參加社團這件事也沒什麼不對。**但問題在於被推薦的人已經清楚表明自己有想做的事，推薦的人卻還是強調參加社團是另外一回事的部分。**

　　其實「參加看看，就知道社團好在哪裡了」這句話當然也適用於「參加青少年足球隊」這件事，所以也可以說成「試著參加青少年足球隊，就知道踢足球好在哪裡了」，所以參加青少年足球隊當然沒問題。

　　反過來說，從「試試看，就知道好在哪裡了」能適用於各種事情的事實來看，邀請朋友參加足球社團的同學，其實更希望朋友參加足球社團，而不是青少年足球隊。

　　至於這位同學是忌妒青少年足球隊有很多優秀的選手，

還是因為社團活動被小看而生氣，就不得而知了。

　唯一可以肯定的是，這位同學覺得社團活動比青少年足球隊更理想，想間接地讓朋友接受這個判斷，所以才會用「試試看，就知道好在哪裡了」這句看起來兩邊都支持的話來掩飾自己的想法。

　但是當我們發現對方隱瞞自己偏袒社團活動，想間接讓我們加入社團時，我們肯定是不痛快的。

　如果社團活動真的那麼好，直接說清楚就好，這種誘導的行為只會讓人覺得被騙了或不舒服。

　更重要的是，這種間接誘導的手段居然是以「大部分的人都在做的事情比較好」為前提，假設場景換成大人的世界，大概就是「喝了就知道酒的好處」「結了婚就知道結婚的好處」。

　或許多數人真的認同這個說法，但這其實就是一種雞婆的行為，是「試試看，就知道好在哪裡了」的另一種說法。

　「試試看，就知道好在哪了」這句話會被用來推薦「大家都在做的事」絕非偶然。我們的每個選擇常在不知不覺間，被那些無法否定「優點」的事實，帶往「大家都在做，所以沒問題」的方向。

我們想做的事情有很多，沒必要替這些事情貼上優劣的標籤。

如果有人用「試試看，就知道好在哪裡了」這句話否定你的選擇，**你應該立刻從這種非優即劣的漩渦逃出來，**也可以委婉地告訴對方：「我也不是覺得社團活動很無聊啦」或是「我覺得兩邊都不錯，只是我比較偏好青少年足球隊而已」。

假設對方真的是出自好意，那你就心領即可；如果對方是出自忌妒，那聽聽就好，不用太在意。

此外，也可以將「試試看，就知道好在哪裡了」這句話套用在自己想做的事情上面，專心做自己想做的事情就好。

脫離困境的思維

 我們要特別注意「試試看，就知道好在哪裡了」是否替每個選項貼了「優劣」的標籤，也要思考自己是否一定要做那些「大家都在做的事」。

必須知道的相關用語

【存在與當為】

在哲學的世界裡，「存在」有「是○○」的意思，而「當為」則有「應該做○○」的意思。

如果將存在與當為混為一談，把「是○○」解讀成「應該做○○」，在哲學的世界裡可說是犯了非常基本卻又非常嚴重的錯誤。

比如將「這世上存在著殺人這件事」解讀成「這世上當為殺人這件事」的話，可就是天大的謬誤。

我們都知道，正確的說法是「這世上雖存在著殺人這件事，但殺人這件事卻不應該存在」，雖然這句話很難真的實現，但我們仍應朝著這個理想努力。

若將「存在與當為」這個概念套用場景⑭的話，就是不能將「大家都參加社團活動」解讀成「大家都應該參加社團活動」。

場 景 ⑮

到時候想法
還會變吧？

勒索程度 ★★☆

我想在大學念數學或物理。

女孩子很少選這些科目耶，
既然是明年才考試的話，
用不著現在就決定吧？

話是這麼而沒錯，
但是先設定目標，
我會比較有動力讀書。

可是大家都說很少女孩子念理組，
到時候你的想法還會變吧？

★ 比「雞婆」更惡劣

如果有人覺得「這種要別人改變志願的人還真是討厭」的話，我舉雙手贊成，反之，若有人覺得「跟大家一樣比較輕鬆啊，所以這是一種忠告」的話，我只能說這是多管閒事，甚至比雞婆還更惡劣。

剛剛的場景⑭是用話術隱瞞自己的喜好，而「用不著現在就決定吧？」或是「到時候想法還會變吧？」則有類似的語氣，非常有可能是「女生不該故意選擇理組」的意思（我超討厭這種想法）。

所謂的「雞婆」或「好管閒事」聽起來雖然是出自好意，但通常說話的人都很高高在上，所以其實他們是在說：「你不該在上大學之後選擇數學或物理學科」。

話說回來，場景⑮中的同學並未積極地勸說，而是以「用不著現在就決定吧」或是「到時候，想法還會變吧」的說法，間接地讓對方接受她認為的正確答案。

明明是對別人的人生說三道四，卻一點責任也不想擔這位同學其實真正想說的，應該是「在都是男生的環境下學習，女生學習會很辛苦」，或是「女生不適合學習數學或物理，會讓人感到不舒服」「女生學習數學或物理的話，以後不好找工作」。

這些話雖然是希望簡單解決「女性學習數學或物理不容易」這件事，也就是只要不學習這兩項科目，就能讓事情變得容易許多，但這不應該成為女性遠離數學或物理的正當理由。這實在比「好管閒事」還要更惡劣。

★ 雖然人真的會改變

我個人是覺得不用太在意這些人的說法。

讓我們進一步思考「到時候想法還會變吧？」這句話吧。

「到時候想法還會變」是句不好的話嗎？「到時候想法會改變」也的確有可能吧？

這句話其實在多數的情況下，都不會有太大的好壞問題，比如原本想吃漢堡，但走進家庭式餐廳之後，突然變得想吃咖哩也沒關係對吧？

像是與別人有約的時候，「突然改變想法」固然不是好事，但是在餐廳決定要吃什麼，或是在大學決定要學什麼的情況，想法本來就會在進入餐廳或大學之前改變（有時候甚至是進入之後才改變），所以人的想法是會變的，變了也沒關係。

那麼，從「很少女孩子選理組」這句話，到「到時候想

法會改變」就沒有問題嗎？假設女性因為各種理由而很難選擇理組，也真的有很多女性在這樣的環境下避開理組，或是最後「改變想法」的話，這本來就是女性難以選擇理組的原因，與當事人的「心意改變」一點關係都沒有。

要在這種環境下選擇數學或物理的女學生，為了堅持自己的志願，必須不斷主張「我的想法不會變」。也就是說，**一旦身邊的人都希望你「改變」，你就被迫主張「我絕不會改變」。**

如此想來，「到時候想法還會變吧？」這句話藏著很嚴重的問題。就算改變想法是常有的事，**對於必須堅持想法的人說「到時候想法還會變吧？」根本無法幫助對方抵擋身邊的閒言閒語，反而讓對方陷入更多的指責。**

假設想堅持想法的人本來就很難堅持下去的話，那麼不管動機為何，「到時候想法還會變吧？」這句話都只會讓對方的處境變得更加艱難。

容我重申一次，「想法改變」在多數的情況下都沒有太大的好壞，但是對於必須因此忍受指責的人說「到時候想法還會變吧？」根本不算是提醒，還很可能否定了對方的選擇。

如果真的想說「到時候想法還會變吧？」這句話，就先問問自己，是否是繞著彎否定對方的選擇。

　　話說回來，若有人跟你說「到時候想法還會變吧？」你又該怎麼回應呢？

　　如果你覺得想法的確是會改變，改變了也沒關係，不妨將對方的這句話當成某種建議，暫時放在腦海裡的某個角落。

　　如果你不想因此被改變的話，可以聽聽就好，或是告訴對方：「我不覺得自己的想法會變，也不想變。」讓對方知難而退。

　　不管是前者還是後者，**要不要改變想法都是個人自由，這樣的想法才是最重要的。**

脫離困境的思維

越是會因為想法改變而被指責的人，越是容易聽到別人對他說「到時候想法還會變吧？」這句話。
請重視自己「不想被改變」的心情，也不需過度在意對方說的話。

必須知道的相關用語

【身份認同政治】（identity politics）

被歧視的人將被歧視的理由或某種特徵視為「寶物」，既不想改變，也不想被改變」，然後向整個社會主張這個想法，同時將試著改變這個社會的政治操作稱為身分認同政治。

這裡所說的認同，是「讓那樣的人成為那樣的人的重要元素」，所以才要主張「被歧視的理由或特徵才讓我們有機會成為現在的自己」，藉此一步步消滅這世上的各種歧視。

到目前為止，有許多人主張種族、性取向、身心障礙是「讓這些人之所以是這些人的重要元素」。

如果用內文的詞彙來說，「會因想法改變而忍受指責」的人堅持自己「不想被改變」的想法，就是一種身分認同政治。

場 景 ⑯

被傷害也是
很好的經驗對吧？

勒索程度 ★★☆

我之前很內向，
念國中的時候一直被霸凌。

不過你現在個性很開朗耶！

是嗎？
我的確是再也不想跟以前一樣被霸凌了。

真是太好了，
所以被傷害也是很好的經驗對吧？

⭐ 雖然有時真的是「很好的經驗」

被霸凌到底哪裡「好」了？被霸凌的人肯定只會覺得很可惡吧？

對我來說，被霸凌除了會在心裡留下陰影之外，什麼都不會留下。那麼「被傷害也是很好的經驗對吧？」這句話豈不是有點怪怪的？

雖然這句話不見得一定有問題，但會對別人說這種話的人神經恐怕太大條，接著就讓我們從這個部分開始討論吧。

一開始，先讓我們從被霸凌的經驗不可能是「好經驗」的部分討論。有些人的確在歷盡滄桑之後，化淚水為汗水，得到屬於自己的幸福。

例如在重要的國際大賽失敗，卻將人生活成一朵花的運動員；從病人身上的重大疾病與傷痛，重新體會生命有多麼可貴的醫師或護士等，電視節目或網路常介紹這類「令人感動的真人實事」。

或許有人覺得這些小故事很無聊，但如果這些人真的將過去的悲慘化為現在的幸福，並且在回顧這段過去的時候，將這些令人傷心的往事看成「美好的經驗」的話，我

們不該否定這些人的想法。

不過，能不能對實際受過傷害的人說什麼「也是美好的經驗對吧？」就是另一回事了。

那些將悲慘化為幸福的人常被塑造成「令人感動的真人實事」的主角，讓別人順理成章地接受他們的故事。

將那些人的悲慘經驗視為「美好的經驗」，等於是將那些人以及他們的經驗歸類為「令人感動的真人實事」，但經歷其中的主角可能只想說「別隨便把我的經驗美化！」吧。

★ 經驗的定義，應該由當事人來決定

是的，真正的問題在於**我們不是當事人，不該替當事人的經驗下結論**。尤其當那段經驗是痛苦的，我們更不該替當事人下定論。

說不定有些人會覺得，「所以被傷害也是美好的經驗對吧？」只是個問句，不算什麼下結論，但其實從上述的對話可以知道，這句看起來不像是下結論的問句，其實有某個前提存在。

雖然過去曾因內向被欺負，但現在個性很開朗，已經不會被霸凌了，會從這個變化看到「被霸凌也是美好經驗」

的人，是把內向當成被霸凌的缺點，認為這個缺點是有機會改善的。

但這樣的論點是有問題的，一來內向不該是被霸凌的原因，二來個性開朗也不是被避免被霸凌的理由，所以會說什麼「所以被傷害也是美好的經驗對吧？」的人，等於是在說「因為你內向，所以你就該被霸凌；會被霸凌，是因為你有內向這個問題」。

如果當事人自己這麼覺得也就算了，但別人不該對當事人說這種霸凌者常用的藉口。

把這樣的「美好經驗」操作成「美談」、挖出當事人過去的缺點，很有可能會再度傷害當事人，哪怕你的話裡沒有半點惡意也一樣。

雖然是理所當然的事，但心裡受傷的經驗還是該由當事人自己定義。擅自將當事人的經驗塑造成「美談」，擅自將這些經驗定義為「美好的過去」是件充滿私心的事。

★ 一旦塑造成「美談」就能撇清關係

擅自將別人的故事塑造成「美談」還有另一個效果，那就是擅自這麼做的人，很容易與這些故事撇清關係。

　　之所以能塑造成「美談」，是因為當事人「現在是幸福的」，所以才將那些令人傷心的經驗當成過往雲煙，一笑置之。

　　換言之，將過去的悲慘視為「現在的美好」，很可能是越俎代庖，擅自代替當事人將過去的事定義為「已經結束的事」。

　　我知道被霸凌是很沉重的經驗，也很不容易接受，所以這些人才會不由自主地想與霸凌這些事撇清關係吧。

　　「當時真的很痛苦吧」「聽到你現在開心，我就放心了」，這樣安慰當事人，讓當事人自己聯想過去的經驗，自己定義這些經驗就夠了，也才能維持透明良好的人際關係。

脫離困境的思維

只有當事人能夠定義過去的經驗。就算當事人願意跟你聊這些難以承受的經驗，也不能擅自將這些經驗定義為「美好的經驗」或「美談」。

必須知道的相關用語

【霸凌】

指的是因某種原因而陷入弱勢的人，遭受肉體、精神上的暴力。這個定義適用於任何集團與環境。有些職場也有霸凌的例子，不過最常發生霸凌的還是學校。

當社會焦點從一九八〇年代銷聲匿跡的校園暴力（對教師施暴、破壞公物）移轉至學生之間的暴力之後，「霸凌」這個詞彙就被用來指稱這類暴力。

近年來出現了許多討論霸凌的新觀點，例如向教育委員會（以支持各地區教育事業為目的，由地方公共團體設置的組織）報告霸凌並且課以處罰的制度，會不會反而助長老師對霸凌視而不見的風氣，或者霸凌的場所會不會從教室移至社群網路等，都值得我們多加關注。

專欄❹
男大姊

我不知道「男大姊」這種稱呼到底是為了不讓誰受傷，但我真的覺得這種稱呼聽起來很奇妙。

這或許是種「尊稱」，但同時也把對方推得遠遠的，因為這種稱呼基本上只對與自己毫無關係的人使用，所以才需要這麼客氣（比如「監護人」只能對別人使用，不能如此稱呼自己的監護人對吧）。

換言之，「男大姊」一詞不僅讓人覺得客氣，更讓人覺得很客套。

真正拉開心理距離的是「人妖」這個詞彙。如果大家知道這個詞彙一直是對男同志與跨性別女性的歧視，那麼就算改成「男大姊」，應該還是不會想如此稱呼對方。

「男大姊」是個不知貶義或褒義、不倫不類的稱呼。唯一可以肯定的是，這絕對是一種向周邊的人散布「最好別太了解性的多元性」這類訊息的詞彙。

我的意思不是使用「男大姊」一詞的人有問題，但我們其實不知道該對這樣的族群「多客氣才恰當」？也希望他們能多花點心思去了解「男大姊」這個詞彙所代表的族群。

畢竟會對這些人「客氣」，不是為了避開他們，反而是為了接近他們才對。

第5章

你的「以為」
可能是自以為

場 景 ⑰

自己說可以，別人說就不行？ 奇怪的人是你吧？

勒索程度 ★★★

原來這間學校是在十月辦運動會，
不是五月啊，
剛轉校過來都不知道～

又來了，
幹嘛故意強調自己是轉學生啊？

你這種說法讓人很火大耶。

你剛自己說自己「剛轉校來」的啊，
自己說可以，別人說就不行？
奇怪的人是你吧？

⭐ 有些事當然不想從別人口中聽到

「自己說可以，別人說就不行」到底有哪裡奇怪？這很正常吧，讓我們從簡單到困難，分從三個場景來想想這句話。

首先讓我們想想那些可以套用在所有人身上的壞話，例如「笨蛋」「傻瓜」這些詞彙。應該很少人會覺得某人說自己是「笨蛋」，所以別人也可以跟著罵他「笨蛋」吧？這應該不用多做解釋。

自嘲與說別人壞話本來就是兩碼子事，前者是出自當事人的意志，後者卻是會傷害別人的行為，也是不符合常識的行為。

話說回來，我們偶爾還是會罵別人「笨蛋」「傻瓜」，當對方真的犯了大錯，我們當然會氣得大罵對方「笨蛋」「傻瓜」，但即使如此，**也不代表別人可以跟著當事人罵自己**。

責備別人必須要負起責任，所以「當事人自己都這麼罵自己，所以我才跟著罵」不過是在推卸責任。容我重申一次，自嘲與說別人壞話本來就是兩碼子事。

另一種情況是，對具有某種特徵的人使用充滿否定的詞彙（例如場景⑤提到的歧視語與侮蔑語）。

過去曾有利用充滿歧視與侮蔑的詞彙傷害女性、性少數者、身心障礙者、外國人的歷史，現在也還有很多人會因此受傷，所以基本上不會使用這類文字。

不過，到現在還是有人會故意使用這些詞彙傷害他們，拿他們開刀，讓他們變成「被害者」，實在是件讓人覺得噁心的事。

每個人都有很糟糕的部分或缺點，甚至有時候也會在心裡覺得「自己不是那麼重要的人」，這時候，那些充滿輕蔑的詞彙正是貶低自己的利器。

不過，這些詞彙充其量只能用在自己身上，不該用在別人身上（其實歧視語與侮蔑語是無法「只」用在自己身上的，通常會波及他人，而這也是很麻煩的問題）。

★ 加入一些聽起來很糟的意思

最後是故意在會話過程中，**在某些原本不具否定意義的詞彙裡，加入一些否定意義的情況**，場景⑰的「轉學生」就是其中一例。

「轉學生」是個能用來形容自己與別人的詞彙，而且是中性的，沒有什麼問題。

大家都知道一般的壞話、歧視語、侮蔑語屬於「自己說

自己可以，不喜歡別人說」的詞彙，但為什麼「轉學生」明明是「自己說可以，別人說也行」的詞彙，對方卻很難接受？

其實問題不是在於「不能說別人是轉學生」，而是賦予「轉學生」這個中性詞「不能拿來說別人」的負面意義。

如果要賦予「轉學生」這個詞彙負面意義，就不要說別人是轉學生。或是要說別人是轉學生，就不要賦予負面意義。

總之，就是別讓被說的人覺得「不爽」，**也可以委婉地讓對方知道「擅自賦予這個詞彙負面意義的你才有問題」。**

若是賦予「轉學生」這個詞彙負面意義，就需要貫徹「不能對別人使用這個詞彙」的規則，我們能隨心所欲使用的字就會越來越少。

「轉學生」會變成一個帶有歧視的詞彙，一旦如此，這個字就該被取代成另一個不會傷害別人的字。

另外，我們也應該盡可能在使用這些字的時候，不讓這些字帶有歧視的意義，才能避免這些可能隨心所欲使用的字減少。

脫離困境的思維

「自己說可以，別人說不行」的字有很多，所以我們除了提醒自己不要使用這些字，也要盡可能不要讓這類字增加。

必須知道的相關用語

【酷兒】（queer）

有時候會具有某種特徵的人會故意對具有相同特徵的人使用充滿貶義的字。在此為大家介紹「酷兒」這個單字。

這原本是用貶低男同志或跨性別女性（出生時，被判斷為男性，卻認為自己是女性的人）的字。但是，這個字在某些族群刻意用來形容自己後，反而顛覆了長期以來套在他們身上的負面印象。

現在「酷兒」這個字常用來形容三種人，一是同性戀、雙性戀、跨性別者，也就是性多元者，二是性向會隨著時間改變的人，最後則是尚未決定性向的人。

場　景　⑱

不要對別人做自己不喜歡的事就可以了。

勒索程度 ★★★

我實在很不習慣跟別人談論
有關感情的話題啊。

這只是藉口吧，
是不是你有喜歡的人了？

我就說我不習慣討論這種話題了……

我不會啊，
我又不會對別人做自己不喜歡的事，
只是聽你說沒關係吧？

★ 有些事即使自己不討厭，也不能對別人做

有些人故意把「不要對別人做自己不喜歡的事」曲解成「只要是自己不討厭的事，就能對別人做」，然後一直做一些惹別人生氣的事。

這些麻煩的傢伙通常都知道別人討厭什麼，然後故意戳別人的痛處，實在是很棘手的對象。

每個人討厭的事情當然都不一樣，所以我們該覺得「不要對別人做自己不喜歡的事」這個規則是錯的嗎？

「是錯的」。

如果你這麼想，在我們下結論之前，讓我們先理性思考一下。

從「不要對別人做自己不喜歡的事」這個條件的確可以導出「只要是自己不討厭的事，就能對別人做」這個討厭的結論……不過，為了要說明這個結論是錯的，不需要判斷上述的條件是否有問題，因為這個條件本來就無法導出這個結論。

「不要對別人做自己不喜歡的事」只討論了自己不喜歡的部分，沒涵蓋自己不討厭的部分，所以跟「不等於可以

對別人做自己不討厭的事」的主張沒有半點矛盾。

就算「不要對別人做自己不喜歡的事就可以了」成立，也無法導出「可以對別人做自己不討厭的事，哪怕對方討厭這件事」的結論。

⭐ 明明就知道不可以這麼做

我希望大家別草率地做出「因為自己與別人不同，所以不能對別人做自己討厭的事是錯的」這種結論，理由有下面兩個：

第一個理由，是一旦強調「我跟你不同」，有可能演變成「我跟你的確不同，所以就算是我討厭的事，你討不討厭跟我沒關係，我一點都不關心」這種情況。

「不要對別人做自己不喜歡的事」這句話，通常是利用我們想避開痛苦與不愉快的心情，激發別人的道德感與良心。所以若說「不要對別人做自己不喜歡的事」這句話是錯的，那麼很有可能導出「對別人不用太有道德或良心」這種扭曲的結論。

第二個理由是，一旦得出上述的結論，就會讓我們更放膽去做那些「自己討厭，但對方不討厭」的事情。

這個部分很重要，所以讓我為大家說得更清楚一點。

　　其實「別對那個人做他討厭的事」就夠了，不太需要把範圍限縮至「自己討厭的事」，然後再思考「不能對別人做這些事」，如此一來便會導出「雖然是自己討厭的事，但對方不討厭，所以對對方這麼做也沒關係」的結論。

　　不過，就算對方不討厭你討厭的事，真的可以就此相信對方真的不討厭嗎？說不定對方只是因為同儕壓力而被迫說「不討厭」，所以乾脆別做那些自己討厭，對方也肯定討厭的事就好了。

　　比如你「很不想被別人問到自己有沒有喜歡的人」，就別故意拿這個問題去問那些宣稱自己「我不討厭被問到有沒有喜歡的人」的人。

　　你可以等到確定對方真的不討厭這些話題再問，而且對方如果真的不避談這些話題，通常不用多問，對方自己就會想講。

　　讓我們回到場景⑱的故事吧。故意曲解「不要對別人做自己不喜歡的事」，明知對方討厭，卻又哪壺不開提哪壺的人，其實知道「不要對別人做自己不喜歡的事」這句話是對的。

　　若你想反擊對方，不妨委婉地訴諸對方的良心，問對方「你應該不會覺得對方討不討厭這件事跟你沒關係吧？」如果對方不想自己被當成壞人，應該會立刻知難而退吧。

脫離困境的思維

曲解「不要對別人做自己不喜歡的事」的人，通常都知道這句話是對的，所以讓我們利用他們「不想當壞人」的心態，封住他們毫不遮攔的嘴吧。

必須知道的相關用語

【三段論法】

指的是從兩個前提（大前提、小前提）導出結論的論證方式。

這種論證方式的模式有很多，讓我們試著思考從「若A則B（大前提）」與「C等於A（小前提）」導出「C等於B（結論）」的論證模式吧。

假設A為「利刃」，B為「可以剪斷東西」，C為「剪刀」的話，那麼當「利刃（A）可以剪斷東西（B）」，與「剪刀（C）為利刃（A）」的前提成立，當然可以導出「剪刀（C）可以剪斷東西（B）」的結論。

這種三段論法也可以用來討論本篇內文的話題，例如A是「自己討厭的事」，B是「不能對別人做」，C則是「強迫討論戀愛話題」，所以當「自己討厭的事，就不能對別人做」與「不想被迫討論戀愛話題」的前提成立，那麼「不能強迫別人討論戀愛話題」的結論也是正確的。

場 景 ⑲

每次都跟他吵的話，你就變得跟他一樣了。

勒索程度 ★★☆

運動會的選手宣誓讓我好緊張啊，
整個手都是手汗。

山本又拿手汗這件事嘲笑你嗎？

山本實在很過分，
我每次都會罵他：「你差不多夠了喔！」

是啦，不過每次都跟那傢伙吵的話，
你不就變得跟他一樣了嗎？

★ 不想被相提並論

遇到那些無聊的揶揄或嘲笑時，向對方說「你差不多就夠了喔」，真的會讓自己的水準降到跟對方一樣嗎？

沒這回事，因為這些抗議當然並不是嘲笑，就只是單純的抗議。

但讓我們思考一下稍微複雜點的狀況。假設有人罵你「笨蛋」，結果你回「罵別人笨蛋的人才是笨蛋」（很常聽到這種對話對吧），結果對方又說「會用『罵別人笨蛋的人才是笨蛋』這句話罵別人笨蛋的人也是笨蛋」的時候，你真的會變成笨蛋嗎？

答案是不會，因為「笨蛋」是否定別人的字，罵這句話是否具有正當性，全憑有沒有否定對方的正當理由。

所以「罵別人笨蛋的人才是笨蛋」這句話，是以「笨蛋」來否定「罵別人笨蛋的人」，因此你在罵對方笨蛋時，絕對比對方更具有正當性（但是，如果你先用別的方式辱罵了對方，那麼就算是對方先罵你「笨蛋」，還是對方比較有理）。

我們當然可以討論罵別人「笨蛋」是否是正確的，但我敢說，不管在任何場合下，罵別人「笨蛋」絕對不等於自己也是笨蛋。

⭐ 站在據理力爭的人這邊就好

一直用「笨蛋」這個字會讓人覺得彈性疲乏，所以讓我們回到場景⑲的對話吧。

我想請大家思考一下，「每次都跟那傢伙吵」的這句話是否有問題。

不理會那些故意揶揄的人或許真是最理想的策略，但有時候這些揶揄真的是聽在耳裡、傷在心裡，讓人無法告訴自己「忍讓才不會更受傷」。

「不想更受傷的話就忍一下」這句話完全是錯誤的，更何況，你身邊的人建議你忍耐的時候，都只需要輕飄飄地對你說句：「就忍耐一下嘛。」這是很廉價的建議。

一旦你真的忍氣吞聲，對方可能會得寸進尺。那些故意找麻煩，要別人理他們的人通常不會想太多，所以不管你是忍耐還是回嘴，他們很可能還是會找別的理由繼續找麻煩，甚至越來越過分。

假設你的朋友或熟人因為某人的輕忽而受傷，但你不知道該忍耐還是回嘴，才能有效阻止那個人的行為，你的朋友或熟人選擇了回嘴，此時你該做的事情是什麼？

第一步，先站在朋友這邊，接著向揶揄的人抗議。先告訴朋友「錯的不是你」「你沒必要對此感到負擔」。事實

上，你的朋友的確沒錯，所以只要對朋友說「回嘴是最正確的選擇」就夠了。

你也可以更積極地幫助你的朋友。揶揄的人可能知道被他揶揄的人很受傷，也就是說，他們其實知道自己做的事情是錯的，卻依然樂此不疲的原因，是因為就算別人叫他們住手，他們也覺得沒必要在意別人說什麼。

若你想推翻他們那自以為是的心態，就要站在朋友這邊，跟朋友一起抗議。

沒錯，不管怎麼做，都要先跟被揶揄的朋友說：「抗議一點都沒錯」，然後視情況與朋友一起抗議。

「每次都跟他吵的話，你就變得跟他一樣了」這種不是建議的建議，等於棄受傷的人於不顧，還假裝自己是正義的一方。

像這樣似有若無地利用被揶揄的朋友，主張「自己是正義的一方」，是最不應該做的事。

脫離困境的思維

回擊別人的揶揄,當然不會變得跟對方一樣惡劣。
提出抗議是正常的,我們也要支持提出抗義的人。

必須知道的相關用語

【揶揄】

我們有時候會抗議那些否定自己的發言,但那些相對不那麼嚴重的否定,也就是所謂的「揶揄」,反而讓我們難以回擊。

社會學者江原由美子曾從兩個面向說明上述的情況。

第一,這類揶揄在本質上是種「玩笑」,不是能從正面討論的事情,所以發言者不需要跟你討論這些事,只需要說句:「我只是在開玩笑啦,你幹嘛那麼認真」,就能讓你無從抗議與回嘴。

第二,對方雖然不直接對你說什麼,卻用開玩笑的口吻笑「你的想法」或是那些「理所當然的事」,讓他不用對自己說的話負責任,也能讓你無法反擊。

順帶一提,江原小姐在分析男性對女性的嘲弄之後,從嘲弄的程度有多嚴重,以及有多麼難以回嘴這兩點得出「女性會因男性的嘲弄而備感受傷」這個結論。

場　景 ⑳

> # 那的確是很過分，
> # 但有那麼嚴重嗎？

勒索程度 ★★☆

今天早上坐捷運的時候，
我好像遇到變態了，
所以我假裝下車，
逃到別的車廂去。

還好沒有真的被亂摸。

嗯，
為什麼只是上個學也會遇到
這種事啊……

是啦，但反正你也沒真的被怎樣啊，
沒那麼嚴重啦。

⭐ 受傷不被認同反而更受傷

應該有不少人認同「傷害別人是不好的」，但可惜的是，這種感覺不是任何時候都有，因為有時候我們不會認真看待所謂的「受傷」。

其中一例就是「遇到變態性騷擾」。

所謂的性騷擾就是在未經允許之下，身體被陌生人當成滿足性欲的對象，這當然很讓人受傷。但遺憾的是，這種未經允許的觸碰或騷擾，往往不被當一回事。

「只不過是摸一下，又不會少塊肉」這種擅自將錯誤之事正當化的認知，覺得反正又沒有真的被怎樣了，導致很多人不把性騷擾當一回事，覺得不用大驚小怪。

這類性騷擾通常是男性對女性伸出魔爪，所以這種變態行為其實還有一個重點，那就是「男性可隨意對待女性的身體」的認知。

在大多數的情況下，不把變態或其他性騷擾當一回事，其實就是不尊重女性的意志與自由，換言之，是一開始就把女性打入弱勢的一群。

弱勢族群被傷害的時候，是不是常被忽略呢？比如轉學

生可能會有家鄉的口音，視障者本來就很容易撞到東西，坐輪椅的人很容易被拒載，還有很多我們能夠想到的例子，可惜這世上就是充斥著這種不被認同、讓受害人反而更受傷的惡性循環。

⭐ 被迫淪為弱勢是什麼意思？

話說回來，為什麼在場景⑳裡，遇到變態的女學生明明很受傷，她的朋友卻不當一回事呢？

聽起來朋友似乎還算認同，但跟「很不舒服吧」「還好嗎？」這類安慰的話實在相差甚遠。為什麼朋友不能直接了當地安慰她呢？這其中有兩個理由。

第一個理由，是朋友覺得主角沒真的被騷擾，所以覺得沒那麼噁心。

不過這裡會衍生出另一個問題，那就是真的被騷擾與疑似被騷擾是兩回事。但這裡的盲點，**是用一件事比較另一件事的受傷程度，其實毫無意義。**

尤其「只是差點被騷擾，沒那麼嚴重」，這樣的想法忽略了當事人在當下有多麼恐懼。

因為遇到變態，所以不敢搭捷運；因為害怕被人發現自己有口音，所以在班上不敢跟同學聊天；因為看不見，害

怕撞到別人而不敢出門；因為害怕被拒載，所以放棄推輪椅出門。

這些都是很常發生的情況，也是很真實的恐懼，並不是當事人想太多。

被迫接受這種恐懼本身就是種傷害，等於讓當事人被迫淪為弱勢。所以當主角說自己好像遇到變態時，朋友雖然沒對她說「你又沒受傷」這種風涼話，但她的說法還是會讓人很受傷。

傷害的確有分輕重，但不管對方是否真的受傷，就擅自將對方歸類為弱勢族群，等於強迫對方接受更嚴重的傷害，所以我才會說，不承認自己把對方歸類為弱勢族群，反而更傷害對方。

換言之，非當事人的朋友忽略了女學生「冒著遇上變態的風險也得上學的恐懼」，只是把遇上變態這件事定義成運氣不好，就好像是去抽籤，結果抽到凶籤，這就是第二個理由，也就是不了解什麼叫做「被迫淪為弱勢」的意思。

反過來說，一旦交換立場，體驗到被迫淪為弱勢的感受，疑似受傷的經驗就會變成真正的傷害，如果能了解這點，就不會在別人跟你訴苦時，小看對方受到的傷害。

　　「有這麼嚴重嗎？」為了避免自己用這類話語傷害別人、讓別人失望，務必時時提醒自己，別小看別人受到的傷害。

脫離困境的思維

不認同對方受到的傷害，或是小看這些傷害，有時會讓對方受更嚴重的傷害。
為了避免這類事情發生，一定要了解「被迫淪為弱勢」到底是怎麼一回事。

必須知道的相關用語

【變態】

如果有人以為有「變態罪」那可就大錯特錯了。

變態這個字，的確讓人聯想到在捷運或公車等大眾交通工具亂摸別人身體的行為，但其實就算是在別的地方亂摸，或是露出自己的性器都算是變態，可根據日本刑法第176條的強制猥褻罪、地方政府規定的迷惑防止條例，或是根據刑法174條的公然猥褻罪與第208條的暴行罪處以徒刑。

或許有人以為，既然沒有「變態罪」，代表變態不是那麼惡劣的行為，但其實變態與跟蹤狂、家暴（對配偶與另一半施暴）、強制性交一樣，都屬於性暴力。

這種透過「性」踐踏他人意志與身體的惡劣行為，當然值得一再重視。

專欄 ❺
不要把人看「老」了

在捷運或公車上讓座給別人，是希望對方能輕鬆一點，但有時對方不一定心領。

有些人看到拄著拐杖的人，或是貼著好孕貼紙的人會自動讓座，但看到比自己年長的人，說不定很難把對方當成「銀髮族」、主動讓座。

儘管你覺得對方絕對比自己年長許多，但對方不一定就是所謂的「老人家」或「銀髮族」，所以我才會聽過下面這類情況。

「我明明是體貼，所以才讓座給對方，結果對方居然生氣地說：『誰是老人啊！』有種狗咬呂洞賓的感覺，害我之後都很猶豫要不要讓座。」

希望大家問問自己（我也該提醒自己），是不是拿上面這個故事當作不想讓座的藉口？

先提醒自己，別為不讓座找藉口，才能毫不猶豫地讓座。如此一來就會發現會氣得回「誰是老人啊」的人其實是極少數，因為比對方年輕許多的你我，只要想坐的話，多的是座位。

不管年紀多大，大部分的人應該都會覺得有位子坐很幸運，所以若有人讓座，一定是心存感激的。

重視「大部分的人都想要座位，所以大部分的人被讓座都是開心的」的經驗法則，就能抱著助人為快樂之本的心情讓座。

第**6**章

說這些話時，
就洩漏了「偏見」

場景 ㉑

> # 我個人沒有偏見啦。

勒索程度 ★★☆

我雖然生為男孩子，
但我認為自己是女孩子，
你有發現嗎？

有吧，不過沒關係，
我個人對這個沒有偏見啦。

呃……雖然不懂你是什麼意思，
不過謝啦！

也有人喜歡同性啊，
所以我覺得沒什麼問題。

⭐ 偏見就藏在話裡

如果是了解「性多樣」的人，應該就會知道說自己沒有偏見的人，恰恰曝露了自己的偏見吧？這點我在後方的【必須知道的相關用語】中，會進一步介紹一些細節。

在此請大家先了解的是，覺得自己不屬於生理性別，有著不同的性別認同（場景㉑中，女性雖然生理性別是「男孩子」，但在性別的自我認知上，覺得自己是「女孩子」）的人稱為跨性別者，而跨性別者也完全不同於將同性視為性伴侶的同性戀。

「偏見」常有「沒來由的厭惡感」，但其實這部分包含了兩個元素，一是是否源自正確的知識（＝沒來由的部分），第二個元素則是否定的評價（＝厭惡感）。

其實就後者而言，有許多正面評價也是一種偏見（尤其是有關學術討論）；沒來由地吹捧別人（或是認同別人），有時也是一種偏見。

場景㉑的主角，在聽到對方把跨性別者與同性戀混為一談後，想必是非常失望吧？這是因為**對方雖然給予了正面評價，卻是基於不正確的知識**，因此這樣的發言也是一種偏見。

⭐ 自我表述，
有時是種強迫別人接受善意的行為

話說回來，在上述的場景裡，要大家注意的不是對跨性別者的誤解（當然，這類誤解當然也值得重視），而是「我個人沒有偏見」這句自我表述。

這種自我表述因為是自說自話，所以不能保證這個人就真的沒有偏見。

如果大家遇過那種一面宣稱自己「沒有偏見」，行為舉止卻充滿偏見的人，應該在聽到這種自我表述時，就會拉高警戒等級，哪還談得上相不相信對方。而另一句「呃……雖然不懂你是什麼意思」，也是句值得令人警戒的台詞。

就算對方真的沒有偏見，也不代表能就此安心。歧視（參考第8章）的相關研究已多次指出，就算沒有偏見也會造成歧視，所以就算是對跨性別者沒有偏見的人，也很可能會傷害跨性別者。

「我個人沒有偏見」這句話，聽起來更像是在宣告不會傷害對方一樣，其實一點都不可信。

另一方面，很多人大概以為「我個人沒有偏見」可以讓對方安心吧。

「想讓對方放心」的心情當然是良善的，只是這種良善不該以「我個人沒有偏見」這句話呈現。

一如前面提到的，「我個人沒有偏見」無法保證自己不會傷害對方，有時候甚至會讓對方提高警戒；如果說這句話的人之後做了一些傷害對方的事，而且被害者也提出抗議的話，傷害對方的人可能會反過來以「我沒有任何偏見，怎麼可能傷害你，故意把這些事拿出來說的你才有問題吧」刁難被害者。

曾被如此刁難的人，當然不會相信「我個人沒有偏見」這句話，只會覺得會這麼說的人不過是在打預防針，以便日後宣稱「錯不在我」。

對於沒事獻殷勤的人，我們要特別提防他們「強迫別人接受他的善意」。

★ 「不想傷害別人」不該只是一句口號

當我們知道「沒有偏見只是句自我表述，沒有任何保證」後，就不該讓對方知道自己沒有打算傷害他嗎？

「我不想傷害你」「如果因為任何誤會而不小心傷害了你，請務必告訴我，讓我有機會道歉」這種同理心，遠比宣傳自己是怎樣的人更能得到對方的信任。

　　有些考試，是不管你多麼認真也拿不到滿分的，人際關係也是一樣。不可能滿分、卻非要拿到滿分的心態雖然有點傻，但我們仍得時時提醒自己，不要傷害到別人。

　　反省自己的錯誤，避免自己再犯也同樣重要。

　　人際關係並不是機會只有一次的面試，我們不需要刻意宣傳自己，只需要讓對方知道你不想傷害他的心情是真的，以及正確了解對方的情況，讓對方能夠信任你，這就足夠了。

脫離困境的思維

「我個人沒有偏見」這句話無法保證不傷害對方。只有誠心誠意讓對方知道你不想傷害他的心情、並了解對方的狀況，才能快速建立良好的人際關係。

必須知道的相關用語

【跨性別者】

性別認同與生理性別不同的人，我們稱之為跨性別者。

我們出生時，醫師或護士都會替我們宣告性別（基於「常識」或專業知識），但這個性別會透過監護人的教育方式以及周遭的影響，讓我們成為社會認定的性別。

性愛，是性別認同與性伴侶的組合，我們不能把性愛對象的性別與性別認同不同的跨性別者視為「同性戀者」。

（比如 A 生理性別是男性，但性別認同是女性，喜歡的對象是男性，這樣並不是同性戀者。）

【偏見理論】

「偏見是源自於錯誤知識的負面評價」，此時通常會引起所謂的歧視，這種思維就是所謂的偏見理論。

許多歧視的起因都是偏見，但其實還有很多別的原因，例如明明知道是沒來由的歧視，卻迫於同儕壓力而不得不一起歧視的人，其實心中是有正確的知識的，而且沒有偏見。

重要的是，我們必須知道要消弭歧視，我們就必須排除偏見；而排除偏見，卻不代表能消除歧視。

場 景 ㉒

他們沒有惡意，
就原諒他們吧！

勒索程度 ★☆☆

我不過是在筆記本隨手畫畫，
就被別人說什麼「真是天才」，
好麻煩啊！

該不會是因為你是左撇子吧？

對啊，我很討厭別人這種讚美，
你不覺得這樣的人神經很大條嗎？

是啦，但他們沒有惡意，
就原諒他們吧！

★ 傷人的不只是惡意

有時候，我們的確會不小心傷害別人。

建議「就原諒他們吧」的學生應該也知道，另一位曾因左撇子這件事而被人傷害過。

不過，「存心傷害別人的情況」與「不小心傷害別人的情況」，哪種比較惡劣呢？

有些情況的確會讓人覺得「存心傷害別人的情況比較惡劣」吧？以殺人罪與過失致死罪為例，前者的刑責比較重，而且有些過失也不一定算是犯罪。

此外，有些情況的重點不在於有沒有惡意。比如有些人會建議重病的病患不要去看醫師，每天喝來路不明的水，但不管他們是否由衷相信這些水的療效，結果都是一樣惡劣（因為都會對健康造成極大的不良影響）。

所以沒有惡意就不算惡劣了嗎？其實很多「神經很大條」的行為，就是因為沒有惡意才更讓人覺得惡劣。

這裡的重點是知識或理解，「要是知道左撇子的人有多辛苦，就不會這樣說了」。

當我們如此批評時，我們批評的不是那些人的「惡意」，而是批評他們的「愚昧」，批評他們對左撇子的了解不夠，或是批評他們明明了解不夠，卻大放厥詞的行為。

　　由上可知，我們會隨著情況改變對於惡意與行為是否惡劣的解釋，所以有時候無法接受「因為沒有惡意，所以就原諒他們吧」的說法。

★「沒有惡意」不是值得寬恕的理由

　　「他們沒有惡意，就原諒他們吧！」這句話還藏著某個棘手的元素。

　　大家猜得沒錯，**就是「原諒」這個行為。**

　　每個人的底線都不同，有些不合理的行為能夠原諒，有些卻難以原諒。但大部分的人，應該都很難無條件原諒不合理的行為對吧？

　　我們很難在遇到「不合理的對待」時立刻告訴自己：「就算因為這樣心裡受傷，也要原諒對方。」

　　通常，我們會希望對方知道自己的「錯誤」，或是因為這些「錯誤」而遭受相對的「懲罰」，這樣才有辦法原諒對方。

　　前者通常是心情上的問題，後者則通常是法律上的問題，前者與後者有出入的情況也不少。

　　基本上，前者這種心情上的問題在日常生活裡的比重較多，換言之，「如果對方知道自己有錯，就可以原諒他」

的情況比較多。

曾遭遇不合理對待的人，應該很能體會「一直不原諒別人容易內傷」這件事，所以才會傾向「只要對方願意認錯，就原諒對方」。

所以「沒有惡意」是值得原諒的理由嗎？當然不是！因為犯錯的人沒有反省，所以「沒有惡意」不是原諒這些人的理由。

我從來都不覺得「對方不給我們理由原諒他」是問題，因為這種說法聽起來，很像是「要不要原諒，完全取決於握有原諒權的人的心情」。

真正的問題在於「因為沒有惡意，所以原諒他們吧！」這句話，忽略了傷害別人的行為有多惡劣，還很有可能讓那些被害者覺得「是我自己要覺得受傷」的。

一如前述，有時就算沒有惡意，也有可能會傷害別人；有時候沒有惡意，反而更傷害別人，所以才必須讓對方知道，他做的事情有多麼傷害別人。若是不釐清這點，被傷害的人就只能忍氣吞聲了。

其實遭受不合理對待的人，不需要知道傷害他的人有沒有惡意。

「他們神經真的很大條耶」直接這樣贊同不就好了嗎？

不然也可以告訴被害者「有機會的話，要讓這些傢伙知道他們有多討厭」。我們必須知道以傷害別人的人的想法為第一優先，是件多麼奇怪的事。

假設我們發現自己不小心傷害了別人該怎麼辦？就算你跟對方說「抱歉，我沒有惡意」，對方很可能覺得「這傢伙在找藉口」，所以選項只有一個，那就是直接了當地道歉。

別把「我沒有惡意」當作藉口，真心誠意地道歉，才是取得原諒的正確作法。

脫離困境的思維

「沒有惡意」不是對方原諒你的原因。如果你是旁觀者，記得先站在被害者那邊；如果你是加害者，請直接了當地道歉。

必須知道的相關用語

【故意／過失】

「故意」是具有「刻意、存心」這類意思的詞彙，而「過失」則代表「不是刻意的、不是存心的」這類意思。

在日常生活裡，我們只需要這樣理解就夠了，但在法庭上，是故意還是過失會影響判刑的輕重，所以判斷是故意還是過失，通常是案件的癥結點。

覺得發生什麼不好的結果（法律問題）也沒關係，所以犯案的情況在法律上稱為「未必故意」，而「明知會發生問題，卻覺得自己應該不會這麼倒楣」結果真的犯案時，稱為「有認識的過失」，故意與過失的界線就在這兩個概念之間。

一旦真的上了法庭，通常需要進一步釐清故意與過失的界線，而這條界線也比我們想像的更模糊。

場　景 ㉓

只是想想沒關係吧？

勒索程度 ★★★

聽說落合因為研究地下鐵的轉乘方式得
獎了耶！

沒想到阿宅比想像中細心耶，
只是我覺得有點噁心。

這種想法不太好吧⋯⋯

表面上我不會這樣說啦，
只是想想沒關係吧？

⭐ 想說那些不該說的事情

這世上有許多鐵道迷與各種迷，但很可惜的是，有些人覺得這些人很噁心，不知道這些人是嫉妒他們學識淵博，還是覺得那些零碎的知識毫無價值可言（所以覺得不懂也沒關係）。

我不知道這些人是怎麼想的，但否定對某件事很了解的人，是很粗魯無禮的事。

這些粗魯無禮的人也在場景㉓登場了。讓我們從兩個方向思考一下這位學生說的「只是想想沒關係吧？」

第一個要思考的是，雖然她說「只是想想沒關係吧」，但她根本不只是想想，而是已經把這個想法說出口了。

從前後的對話來看，**她其實是在說：「雖然不該怎麼說，但我覺得落合這個人很噁心。」而且她已經把這個不該說出口的想法說出來，所以另一位學生說她這樣不太好，是因為不謹慎的話語本來就該被提醒。**

不過請大家稍微停下來想一下，我們能因為女學生一時的不謹慎，就斷言她只是不小心說錯話嗎？

有時候是可以的，但不能覺得她是故意的嗎？會說什麼「只是想想沒關係吧？」的人，當然希望別人覺得他只是

不小心說錯話，**但實際上這種人其實就是一邊說「我覺得這些話不該說出口」，卻又拚命說個不停。**

他們既非不謹慎，也非說錯話，而是刻意這麼說，所以更讓人覺得惡劣。

⭐ 客套話比真心話更重要

讓我們進一步思考一下，為什麼女學生要故意說那些「不該說出口的話」吧。

為什麼這些人要這麼做呢？有時候他們會因為故意使壞而覺得開心，有時候則是想把自己的快樂建立在別人的痛苦上，這真的很讓人覺得遺憾。

接下來讓我們從另一個觀點思考吧，也就是會說「只是想想沒關係吧」的人，其實不覺得那些在心裡所想的不正確吧？會讓我這麼覺得的理由，在於對話裡的「客套話」（＝對外的說法）。

「客套話」與「真心話」（真的就是所謂的「心中所想」）通常是相對的，有種互為表裡的關係，所以他們其實覺得自己心中所想的是正確的，不然就是覺得這些想法算是「常識」，或是覺得「大家都這麼想」。

假設這些人會把那些「該留在心中」的真心話說出口，

是因為他們覺得這些真心話是正確的，或是符合常識的，那請大家稍微想一下當客套話與真心話不一致的時候，真正該被認同的是真心話嗎？會不會只是自己的一廂情願，以為自己心中所想的是正確的呢？

讓我們舉例說明吧。假設我因為餓到不行而走進超商，超愛吃布丁的我在看到布丁的瞬間，腦中浮現：「我想立刻把布丁從架子上拿下來、打開蓋子，當場吃個精光」的想法。

這肯定是我的真心話，但比起「先拿到櫃台結帳，走出店外再吃」的客套話，我的真心話更應該被認同嗎？（換言之，就是可以當場把布丁吃掉。）

當然不是，不管問誰，應該都只會得到「不管你有多餓或多喜歡布丁，都要先結帳」。

由此可知，比起那些屬於情緒的、不成熟的、充滿欲望與衝動的真心話，保護彼此權利，讓人與人的互動進退有據的客套話更加重要。

那麼，總是以客套話為主，與客套話不一致的真心話都不好嗎？只要沒真的當場就吃掉布丁，真心話與客套話是可以並存的。

但是「不該覺得阿宅很噁心」的客套話與「覺得阿宅很

噁心」的真心話是無法並存的，所以我們只能自我懷疑或矯正自己的真心話。

　　「把真心話留在心中」，避免自己傷害別人很重要；但是改變自己的想法，讓自己不用去想「把真心話留在心中」這件事也很重要。

脫離困境的思維

「只是在心裡想想沒關係吧？」等同不在乎那些不該把真心話說出口的理由。

假設真心話與客套話不一致，就必須根據客套話之所以存在的理由矯正自己的真心話。

必須知道的相關用語

【阿宅】

某個對象的粉絲或狂熱者常被稱為「阿宅」。

其實這個字源自於同好稱呼彼此的「御宅族」（是一種尊稱），也有不少人也覺得這個字沒那麼負面，就我個人而言，我反而常用這個字稱讚別人。

但這個字有時會像場景㉓一樣，被當成批評別人的壞話使用。

【適應性偏好的形成】

伊索寓言的「狐狸與葡萄」，是一則狐狸摘不到高掛在樹上的葡萄，反而說「樹上的葡萄肯定很酸」的故事。

這種貶低自己沒有的、得不到的東西的行為（即使是不自覺的）就是所謂的「適應性偏好的形成」。

會瞧不起對某些事物專精的粉絲或狂熱者，其實就是這個「適應性偏好的形成」在作祟，所以才告訴自己「原本就不需要」那些再怎麼努力也得不到的知識或經驗。

專欄 ⑥
勵志色情書

為了批判身心正常者，刻意把身心障礙者的健全生活描寫成令人感動的真人實事。對此，澳洲身心障礙者社會運動家史泰拉楊恩（Stella Jane Young）特別創造了「勵志色情書」（inspiration porn）這個單字。

她指出身心健全者為了一己的感動利用身心障礙者，就像是為了滿足性欲看黃色書刊一樣。

除了身心障礙者被利用，許多性少數者、外國人或是其他少數族群會因此他們的身分而遇到困難，而他們「努力的模樣」也一再被當成滿足多數族群的題材，所以史泰拉楊恩指出這個現象的意義有多麼深遠，也就不言而喻了。

不過我覺得「勵志色情書」的批判有一點需要特別注意，那就是不關心身心障礙者的人權或幸福，或甚至是對身心障礙者抱持偏見與歧視的人，常討厭那些關懷身心障礙者的人，而他們為了正當化自己的形為，會同意「勵志色情書」的批判。

厭惡歧視、尊重他人這類良善行為的人，會透過批判他人「偽善」來強調自己的「正義」，而我們都該特別注意這種卑劣的行為。

我一直覺得「勵志色情書」所提出的批判不該是這種孤立的定義，必須在「幫助身心障礙者活出生命的精彩，或是有心聲援他們」的前提下提出才具意義。

第**7**章

錯誤不在於「時代」

場　景 ㉔

以前這明明是
很平常的事。

勒索程度 ★★★

聽說以前的營養午餐絕對不能剩？

如果沒辦法在午餐時間之內吃完，
會讓學生在接下來的打掃時間吃。

但在灰塵飛揚的環境下吃飯，
這樣很不衛生吧？

所以才要求學生在午餐時間之內吃完啊，
以前這明明是很平常的事。

★ 沒有不擇手段這回事

不挑食、不浪費食物都不是壞事，老師也的確該如此指導學生，但不代表能忽略學生的個人情況，硬要學生照著做。尤其有的學生對某些食物過敏，硬要學生把營養午餐吃光，恐怕會危及生命。

有時候，我們會因為某些緣故而對討厭的食物改觀，但是當老師硬逼學生吃光營養午餐，對這些討厭的食物改觀的機率恐怕會大幅降低。

比起強迫學生吃完討厭的食物（強迫學生吃過敏的食物更是不行！），不如要求學生透過其他食物攝取均衡的營養（如果學生是故意不吃完，當然還是要稍微強硬一點）。

過去的確有老師覺得讓學生吃完討厭的食物才是正確的教育，所以會用盡各種手段逼學生吃完（遺憾的是，現在還有老師是這樣），過去也有一段時期認為可以讓學生在打掃的時間繼續吃，即使不太衛生也沒問題。

★ 要注意「明明」這兩個字

有些老師在回憶那些不正確的指導方式時，會用一種懷

念的口吻說：「以前這明明是很平常的事。」

　　有些老師現在已經不覺得當時的指導方式很「平常」，也不會再用那種方式指導學生，但心裡似乎還是贊成過去的指導方式。

　　「明明」這個字可串起兩件對立的事情，同時表達對後者的不滿，不過後者通常會被省略，所以老師的不滿有可能是「過去的指導方式已經不適用了」。

　　有些人會對「過去可以，現在不行」的事情委婉地表達不滿，所以當我們發現對方對現在較理想的作法感到不滿時，就該立刻有所回應。

　　比如可以直接反問對方：「你的意思是以前的方法比較好嗎？」在多數的情況下，對方應該會回答：「我沒這麼說」才對。

　　巧妙地阻止對方懷念過去的「平常」，才能讓對方繼續採用現在較理想的方式。

⭐ 暗藏於「平常」這個字的意義

　　麻煩的是，聽到「以前這明明是很平常的事」，也覺得以前的確是這樣，然後告訴對方「這在以前的確很平常

啊」之後，莫名地被對方以為你也贊成以前的作法。

為什麼同意「這在以前很平常」這句話，會被對方以為你贊同過去的作法呢？這是因為「平常」這個字暗藏了另一個意思。

若被問到「平常」這個單字是什麼意思，大部分的人應該會回答「很常見、到處都有」吧？

不過，「平常」這個單字有時會有「理應如此、這樣才理想」的意思，換言之，「平常」這個字不只有「很常見」的意思，還有「大家都該應該如此」（所以才很常見）」的意思。

當我們了解「這在以前很平常」這句話有「這在以前很常見」的意思，而且也同意這句話之後，就會被別人以為我們同意「這件事在以前是正當的」。

同意「這件事在以前是正當的」當然不代表我們覺得「這件事在現在也是正當的」，但當「平常」這個字帶有「正當」的意思時，對方很有可能覺得以前的作法到了現在也適用，所以對方才會以為我們同意「以前的作法（即使到了現在）很正當」。

由於「平常」這個字具有「常見」「理應如此」這兩個意義，所以每個人對這個字的解釋都不同，算是很麻煩的

字。

　　那些曾經歷舊時代的人所說的「以前這明明是很平常的事」，更有「現在的方法很難評價，但以前的方法的確比較理想」的意思。

　　當然，現在的方法不一定比以前的方法好，但是當我們相信現在的方法是從過去的方法中篩選出來的，換言之就是去蕪存菁。

　　排除不好的方法，只留下好的方法時，就絕對不能陷入「平常」這個字的語病，至少不能被曾經歷舊時代的人帶著走，得冷靜地思考「過去與現在，到底哪種作法比較理想」這個問題。

脫離困境的思維

就算只是把「平常」這個字當成「常見」的意思來用，有些人還是會把「平常」這個字曲解成「理應如此」。

此時千萬別被「肯定過去」的意見牽著走，要摸索出更理想的方法。

必須知道的相關用語

【完食指導】

在日本，老師要求學生吃完營養午餐的行為稱為「完食指導」，不過仔細一想就會知道，要學生把規定的每道菜與份量吃完，簡直就是一種暴力脅迫。

如果能讓學生了解「能吃多少就吃多少」，並在減少浪費與吃得下的情況下，讓學生享受營養午餐或是吃飯的樂趣，那就是很有意義的教導了。

二〇一九年三月日本文部科學省發表的「飲食相關指導手冊」（第二次修訂版）曾針對偏食的兒童訂出下列規定，規定的內容為：「針對兒童或學生的情況，讓兒童或學生自行決定每天吃多少不愛吃的食物，並以吃完這些食物為目標。」

場 景 ㉕

現在已經不是
我們那個時代了。

勒索程度 ★ ★ ★

男人會煮飯應該比較吃香吧？

這是當然，
現在就算是男孩子
也要上家政課啊。

可是老師把所有廚房的事
都交給另一半吧？

那是我們這個年代才有的事，
現在已經不是我們那個時代了。

★ 把錯怪在「時代」頭上

聽到這位男老師說「現在已經不是我們那個時代了」的時候，真的很想吐槽他，你也應該要會煮飯啊，為什麼把煮飯這件事全推給老婆做？難道你不是現代人嗎？

夫婦或是同在一個屋簷下的人，可依照各自的生活方式以及專長，決定誰要負責哪部分的家事。一旦達成共識，老公將煮飯這件事全交給老婆也不是不行（話雖如此，老婆很忙或是不小心感冒的時候，老公也該幫幫忙）。

不過這位老師的想法顯然很古板，覺得「煮飯是女性的事」，所以不知不覺地將煮飯這件事全推給老婆。

從他那句「那是我們這個年代才有的事」來看，就知道他拿「時代」當藉口，合理化「煮飯是女性的事」這個選擇。

或者更精準的說法，應該是他把錯怪在「時代」頭上。

★ 暗藏的兩個訊息

在流行「男性不用下廚」想法的時代裡，只有女性需要上家政課，但現在連男性也要上家政課。所以問題在於以「那是我們這個年代才有的事」這句話形容上述的時代變

遷時，暗藏了什麼訊息。

　　這句話有可能暗藏了兩個訊息：一是「在以前，男性不會做飯也沒關係，但那是錯誤的觀念」，另一個訊息則是**「在以前，男性不會做飯也沒關係，那個時代真美好」**。

　　一個是否定時代變遷之前的狀態，另一個則是肯定當時的狀態，所以「現在已經不是我們那個時代了」暗藏著這兩個意思完全相反的訊息。

　　那男老師是哪種意思呢？我沒辦法確定，但我推測是第二個意思，也就是「在以前，男性不會做飯也沒關係，那個時代真美好」的意思。

　　我會如此推測的理由有兩個，第一個理由是男老師把煮飯這件事全推給老婆，而且還拿「那是我們這個年代才有的事」這句話當藉口（男老師應該沒跟老婆達成共識）。

　　這位男老師一直以來應該都是以舊時代的方式生活，所以就算肯定過去的思維也很正常。

　　另一個理由是我覺得特別重要的理由：那就是關於男性下廚這件事的想法產生變化的理由與結果，出現了倒因為果的現象。

　　這位男老師之所以會說「男性最好會煮飯」是基於「男性也要上家政課」，但是這根本是倒因為果的說法，其實是「男性最好也會煮飯（不可以把煮飯這件事全推給女

生），所以男女才都要上家政課」。

如果知道「就是因為在煮飯是女人的事的時代，有人提出這種成見很不恰當」，所以才演變成男女都要上家政課，就不會有男老師這種誤會出現。

⭐ 整個社會朝更正確的方向發展

會說「現在已經不是我們那個時代了」的人，大概也有像男老師這樣誤會的人（我覺得比例還很高）。

之所以說「現在已經不是我們那個時代了」，是因為有一群人覺得「那個時代」不能再繼續下去，而且還採取實際的行動。

若用場景㉕提到的「平常」來形容，就是在那個覺得煮飯是女性的事很「平常（常見、理應如此）」的時代裡，有一群覺得這個「平常」很奇怪，也採取行動的人，讓整個社會開始往正確的方向前進。

如果覺得當時的每個人不過是順應時代潮流（而且覺得「以前比較好」的話，那就不用遵守現在的規則），就非常不尊重那段每個人憑藉著理性與行動力導正社會風氣的歷史。

若覺得「現在已經不是那個時代」暗藏著「以前比較

好」的語氣，就應該告訴自己「時代不只是隨著時間改變」，**而是「有一群人秉持著信念，改變了整個時代」**。

比如我們在聽到「現在已經不是那個時代」這句話的時候，可以用「一定是有一群人覺得男性也會煮飯的話，把煮飯這件事全推給女性的機率就能降低」這類說法回應。

只要提到「一群人」這個詞，至少能讓對方別一直把錯怪在「時代的變化」上了。

脫離困境的思維

每個時代的「正確」之所以會一直改變，是因為有一群人覺得「當時的不正確很奇怪」。

別再不明就理地以為「時代只是隨著時間改變」了。

必須知道的相關用語

【男女都上家政課】

自一九五八年起，日本中學的「技術、家庭科（家政課）」成為男女有別的科目。高等學校的家庭科是從一九七四年起成為女學生的必修科目，男學生的選修科目。

但有一群人反對以「女性包辦所有家事」為前提的教育制度，所以日本在一九七九年，接受聯合國大會通過的「消除對婦女一切形式歧視公約」之際，掀起一波國內制度應與國際接軌的風潮，國中的家政課也於一九九三年改制為男女共修科目，高等學校的家政課則於一九九四年改制。

【緬懷過去病】

我們也要注意「以前比較好」的「以前」到底是真實的過去，而是經過美化的「過去」。

於義大利出生的日本文化史研究家帕歐羅・瑪札利諾（Paolo Mazzarino）曾將這種現象命名為「緬懷過去病」，也寫了一本導正這類錯誤的同名書籍《緬懷過去病》。

場景 ㉖

> # 最近的人活得
> # 越來越痛苦了。

勒索程度 ★ ★ ★

我爸媽說最近的學校快訊越來越淺顯易
懂了。

那是為了監護人，
我們特地寫得成簡單好懂一些。

學校快訊也有很重要的聯絡事項，
寫得簡單一點的確很重要。

以前都不會在意這些事情，
最近的人活得越來越痛苦了。

★ 最近的「人」是在說誰？

能讓更多監護人快速取得兒童教育資訊是件非常好的事，但上述的老師似乎因為這樣而抱怨「活得很痛苦」。

首先，文中所說的「最近的人」，其實指的就是所謂的「最近的一般人、平常人」，讓我們先從這個方向來思考一下，老師到底對此有什麼不滿吧。

場景㉔裡提過，若有人刻意強調「一般」或「平常」這類字時，就必須懷疑一下，**對方話裡的意思除了「很常見」，還有沒有「理應如此」這個語氣**。

「一般人活得很痛苦」的「一般」，也有可能暗藏「理應如此」的意思。

具體來說，這裡的「一般人」是指「會說國語的人」（覺得「一般人」是指「本國籍人」的人要注意一下這裡的定義。「擁有該國國籍的人」「於其他國家出生的本國籍人士」「會說國語的人」不一定完全一致）。

所以「最近的人活得越來越痛苦」這句話，在上述對話裡的意思應該是「都是那些不懂國語的人，害得會說國語的人活得這麼痛苦」。

⭐ 到底誰活得比較痛苦？

不過這種說法明顯有問題，因為覺得在自己國家生活很痛苦的人，肯定是那些不懂國語的人吧？所以車站或某些公共設施才會有各種語言的告示牌，重要的資訊也會盡量寫得讓國語能力不足的人看得懂。

監護人必須了解自己的小孩在學校過得怎麼樣，也必須了解班上的情況，所以必須與監護人一同推動教育的學校，當然要盡可能讓那些國語能力不足的監護人了解這些資訊。

儘管如此，會話裡的這位老師似乎覺得「只需要針對懂國語的人寫學校快訊就可以」的時代比較美好，可見她所說的「一般」不只是「常見」的意思。

她應該覺得「既然住在本國或是讓小孩來我們學校讀書，就應該懂國語，都是那些不懂國語的人，害我得多花心思寫得簡單一點」。

而「就應該懂國語」的「應該」，就是「平常」這個字的另一個意思，也就是「理應如此」的意思。

每位監護人要想了解孩子上學的情況，可能都得逼自己學會國語，但比起不懂國語的人閱讀，懂國語的人應該更容易以簡單易懂的文字來寫學校快訊吧？所以懂國語的人

幫助不懂的人減輕負擔，才能事半功倍、快速達成溝通的目的。

　　讓比較辛苦的人減輕負擔，或是比較不辛苦的人主動支持這些比較辛苦的人，雖然是再理所當然不過的想法了，但實踐起來卻不那麼容易。

　　場景㉖裡的這位老師就是故意拿自己的負擔增加這件事抱怨「活得越來越痛苦」，但的確很多人的心態是「哪怕能讓別人大幅減少負擔，自己多點負擔都不行」。

★ 別把「一般」當成逃避負擔的藉口

　　許多人會為了避免增加自己的負擔，而以每個人都「應該像自己一樣」的語氣使用「一般」這個字，但這種說法等於是在責備與折磨那些「與別人不同的人」。

　　當我們聽到這類說法時，要記得與隱藏在「平常」這個字之下的「理應如此」的意思保持距離，並且把話題拉回「要實現這個理想的狀態，到底誰比較辛苦」的討論。

　　此時不妨反問對方：「你的意思是，完全不需要為了不懂國語的監護人努力囉？」

　　順帶補充一點。不管是不是為了不懂國語的監護人，以

簡單易懂的國語來寫學校快訊都是必要的，更何況要把國語寫得簡單也是需要技巧與訓練的，沒有想像中的那麼簡單。

對於每天被堆積如山的工作壓得快喘不過氣的老師來說，就算是只是多一點別人覺得沒什麼的負擔也很沉重，所以當然會想抱怨，不過絕不能讓這些抱怨繼續折磨已經陷入困境的人。

「想要有多一點時間練習，把國語寫得簡單一點」「寫學校快訊的時間不夠」這類的抱怨還說得過去，而「最近的人越活越痛苦」這種抱怨，就連說都不該說才對。

脫離困境的思維

覺得每個人都應該跟自己一樣「普通」的主張，會讓那些「與別人不一樣」的人覺得痛苦。

那些為了減輕自己的負擔而主張「普通」的人，請記得提醒他們公平負擔辛苦的重要性。

必須知道的相關用語

【淺顯易懂的日文】

「淺顯易懂的日文」是以母語非日文的人為對象（主要是外國人）使用的另一種日文。這不只是把艱澀的詞彙換成簡單的詞彙，還要拿掉語意不清的語意與排除複雜的句子結構，只留下重要的資訊，算是一種基於多種原則使用的語言。

之所以會提倡淺顯易懂的日文，是因為一九九五年阪神淡路大地震發生之際，許多外國籍的災民未能得到必要的資訊，而這種日文目前也用於傳遞各種生活資訊。

【教師的超長工時】

場景㉖提到了老師抱怨工作的問題，但其實老師的工作真的多到讓人很想抱怨，超長工時也屢屢成為被討論的問題。

二〇一八年OECD（經濟合作暨發展組織）的「國際教師指導環境調查報告」指出，在接受調查的國家之中，國中老師每週平均工時為38.3小時，但日本的每週工時居然高達56.0小時，是各國之冠。我們不能一味地仰賴老師個人的努力，必須在教育方面多編列一點預算，也要整頓相關的法律與制度，讓老師們能更有效率地完成業務。換言之，要傾社會之力，一起解決這個超長工時的問題。

「為母則強」這句話，是我為了寫這個專欄查資料的時候才知道的。

這句話出自《悲慘世界》法國作者維克多雨果之筆，正確的句子應該是「婦人弱也，而為母則強」。

我不是很喜歡這句話，因為這會讓我聯想到，女性之所以不得不剛強，全是因為得一個人養兒育女，也會覺得男性應該積極參與小孩的成長過程。

我也不太喜歡前面的「婦人弱也」。女性的發言之所以不受重視，之所以不能活得隨心所欲，全是因為在社會居於弱勢。所以在把這句話奉為名言之前，應該先改善女性的社會地位。

其實由女性一手包辦小孩的所有事情，迫使女性不由自主地將整個人生獻給「母親」這個角色，就是讓女性淪為弱勢的證據。因此我覺得「而為母則強」應該改成「所以為母則強」才正確，也就是「正因為女性向來被冠上柔弱的形象，所以才會在成為母親時，被要求要變得剛強」的意思。

最近有人提倡正在養兒育女的父母偶爾要放下親職，過過不一樣的人生。要建立更美好的親子關係，親子就必須一同理解父母親也該有不一樣的人生，我尤其希望這個概念能進一步普及至母親這個角色。

第 8 章

不試圖
合理化「歧視」

場 景 ㉗

歧視絕對不會停止。

勒索程度 ★★★

現在還有人會一直瞄手牽手的男生耶。

那些人有可能只是好奇，
不是覺得不舒服吧？

好奇本身就是件奇怪的事啊，
我們要讓這些事變得再平常不過才行。

反正歧視絕對不會停止，
有必要這麼努力嗎？

★ 到底什麼是歧視？

這本書提到擁有某些特質的人（女性、跨性別者、轉學生、氣喘患者、單親家庭的小孩、鐵道迷）被傷害的情況，而這些情況可用「歧視」這個字概括。

場景㉗也提到了「歧視」這個字，所以在此為大家總結一下歧視的意思，讓我透過下面三個條件說明：

第一個條件與特定的社會分類有關。「社會分類」這個字似乎很艱澀，但在本書的定義是「具有某種特質的族群」，一如前面提到的女性、跨性別者、轉學生、氣喘患者、單親家庭的小孩、鐵道迷等，「社會分類」就是這類族群的統稱。

此外，「一年三班」「座位編號為偶數」這種原本不具共同特徵的人所共有的性質，有時也是所謂的社會分類（換言之，有可能出現對「一年三班的學生」或「座位編號為偶數的人」的歧視，至於會在什麼場合出現這類歧視，還請大家自己想想看）。

第二個條件是對某種社會分類的「差別待遇」。這裡所說的「差別待遇」，是指不讓這些特定族群擁有某種權利或是嘲笑這些族群，不把他們當成一般人看待以及其他類

似的情況。

但不管是哪種情況,「差別待遇」都是貶低這些族群的行為。也有乍看之下是讚美,背地裡卻是在貶低他們的情況。

第三個條件,是在這些差別待遇之中,只有「不正當」的待遇才算是歧視。

比如入學考試的滿分為500分,以400分為界,將「400分以下的考生視為不及格」的行為,不能算是對這些考生的歧視。因為以考試成績篩選合格的考生本來就是正當的行為。

但話又說回來,什麼是正當的,什麼是不正當的討論常常引起對立,所以歧視才這麼難以消弭。反過來說,這也可能正是因為它「不正當」才會受到差別待遇。

★ 歧視絕對不會停止,所以呢?

當我們確認歧視的定義之後,讓我們想想歧視今後會不會消失吧。

我想應該有不少人會直覺地反應,只要歧視這個字的定義沒有大幅改變,就應該不會從這個世界消失,就像殺人、戰爭、詐欺、竊盜不會完全消失一樣,希望歧視完全

消失可說是不切實際的想法。

所以呢？因為殺人罪不會消失，所以我們就不用努力避免殺人罪發生嗎？有這種想法的人不就等於叫監護人或老師不要教孩子「不可以殺人」這個道理，或是希望殺人罪立刻廢除嗎？

只要是正常人，大概都不會有這種想法吧？因為就算無法杜絕殺人罪，但少一樁是一樁，努力是不會白費的。

同理可證，歧視也是一樣，**就算無法完全消弭歧視，也不代表我們的努力會徒勞無功。**

那些會說「反正歧視絕對不會停止」的人也知道這個道理，但他們會因此說「詐欺絕對不會消失，所以每天跟小孩或孫子保持聯絡也沒用」嗎？至少我沒聽過有人這麼說。

明明「○○絕對不會消失」這句話可套用在各種事情上，為什麼會有人只針對歧視呢？

其實理由很單純，**因為會說「歧視絕對不會消失的人」恐怕「不希望歧視消失」，或是想要「繼續歧視某人」吧。**

當然，這只是我的想像，但我們能根據這個想像張開防護罩，假設聽到「歧視絕對不會消失」這句話，不如就反

問：「是啊，不過你應該不會覺得歧視是對的吧？」

　　只要是正常人，應該都不會回道「歧視是對的」，如果對方回答「歧視是錯的」，那我們就不需繼續追問，也可以回答他：「所以努力減少歧視並不是做白工，對吧？」

　　只要對方承認不是徒勞無功，那就等於減少歧視的第一個目標達成了。

脫離困境的思維

就算歧視永遠不會消失，減少歧視的努力也很有意義。

如果你發現對方「根本不希望歧視消失」，就要試著把話題引導到「減少歧視的努力不會白費」。

必須知道的相關用語

【歧視論】

顧名思義，歧視論就是討論歧視的理論，在此為大家補充一些來不及於內文介紹的論點。

第一個論點是，歧視只在少數族群身上發生嗎？

大部分的情況是這樣沒錯，但如果這個論點成立，人數足以與男性分庭抗禮的女性怎麼可能被歧視？所以有時候會以「結構性的弱勢族群」（因社會制度＝構造而淪為弱勢的族群）形容被歧視的族群。

另一個論點是，能歧視別人的只有站在制度頂點的人嗎？其實結構性的弱勢族群有時會因某些成見或價值觀而歧視同為弱勢的族群。

如果我們進一步思考歧視這個現象，就會發現更多論點，而研究這些論點的理論就是歧視論這個範疇。

場景 ㉘

> # 一直說有歧視的時候，
> # 歧視就不會消失。

勒索程度 ★★★

那個老師常說 B 型的人是怪人，
不要跟他們有太多來往，這是歧視吧？

老師應該不是認真的吧？

不管是不是認真的，
這樣說都不好吧？

你還真是計較耶，
你一直說有歧視的時候，
歧視就不會消失啦。

⭐ 為什麼希望消弭歧視？

在場景㉘中，學生是以「老師是否真的覺得B型的人是怪人」來判斷老師的發言是否歧視「B型的人」。

但不管老師是不是真的這麼覺得，老師的發言也很難說沒有歧視，所以對方似乎是想以「不一直說有歧視，歧視就會消失」導出「沒有歧視」這個結論。

在進入主題之前，讓我們先想個問題，那就是為什麼對方會想主張「沒有歧視」呢？

一如場景③所述，我們總是莫名覺得自己應該去做覺得正確的事，所以當這位學生覺得老師沒有歧視，就不想面對這個問題，自然而然就想導出「沒有歧視」這個結論。

在上述的對話裡，某個特定的社會分類（B型的人）被差別待遇（被當成怪人），而這是不正當的行為（後續的【必須知道的相關用語】中，也會提到血型與個性沒有什麼關聯），所以可以斷定老師歧視B型的人。

企圖掩蓋歧視當然也是不對的行為，所以被別人批評「視而不見」也是理所當然的。

★ 不說「歧視」，就等於「沒有歧視」？

　　不過這裡要請大家注意的是，怎麼會有人說出「一直說有歧視的時候，歧視就不會消失」這種話。讓我們試著以其他不正當的行為思考這句話。

　　例如，有人會說「就在你一直說有殺人事件的時候，殺人事件也不會消失」這種話嗎？這樣的主張正確嗎？

　　應該不會有人這麼說吧？這種主張明顯是錯誤的。就算不提殺人事件，雖然表面上殺人事件就好像減少了，但大家還是知道殺人是錯誤的，而且也沒有人覺得粉飾太平是對的吧？

　　同理可證，不提「歧視」或許真能讓這件事從檯面上消失，但不代表歧視真的消失，檯面下的歧視也是很不應該的事。

　　所以當我們聽到「一直說有歧視的時候，歧視就不會消失」這句話時，**不妨以「掩蓋無法讓事實消失」來堵住對方的嘴。**

★ 「歧視」是告發的詞彙

　　話說回來，明明「不說『有』就等同『沒有』」這個擺

明是錯的主張無法在其他情況下成立，為什麼偏偏能在歧視的情況下套用呢？難不成是提出這個主張的人，對於歧視有所誤解？

其實不是這樣的，這種擺明是錯的主張其實濫用了歧視的事實。這裡說的事實，就是一直以來「歧視」都被當成告發的詞彙使用。

可惜的是，一直以來**歧視的現象都未得到社會大眾正視，而且歧視別人的人也不覺得歧視有什麼不對，被歧視的人也因為差別待遇實在太嚴重，而失去冷靜判斷的能力，所以歧視才一直未被正視。**

不過就是有一群人告發這些不正當的行為，認為這是對特定社會族群的差別待遇，整個社會才有機會去矯正這些不正當的行為。

換言之，告發「這些行為是種歧視」的行為，是揭露歧視、消弭歧視的必經過程。

從「告發歧視」是消弭歧視的必經過程這點來看，會說「一直說有歧視的時候，歧視就不會消失」這句話的人，其實非常了解歧視的某個面向。

讓我們試著把順序顛倒一下，把話說成「因為有歧視，所以才有人告發」，如此一來，只要撤消檯面上的告發，就會得出「沒有歧視」這個結論，但這純粹是倒因為果的

結論，也是一種曲解。

　從這點來看，「一直說有歧視的時候，歧視就不會消失」這句話，可稍微拐個彎回應，比如想說得諷刺一點，可以回答對方：「我總算知道，就是因為有你這種人，才要一直主張有歧視。」如果想讓對方無話可說，也可以回答對方：「所以我覺得避免歧視被忽略是件很重要的事啊。」

　如果對方知道歧視是告發的詞彙，就會立刻了解主張有歧視的意義為何（或是立刻跟你一起主張）才對。讓我們盡一己之力，盡可能讓對方了解主張歧視的重要性吧！

脫離困境的思維

不提「歧視」，歧視也並不會就此消失；有人告發「歧視」，歧視才會慢慢消失。讓我們正視這個事實，也讓別人了解這個事實吧。

必須知道的相關用語

【血型個性診斷】

社會似乎傾向以血型判斷每個人的個性，不過幾乎沒有研究指出血型會影響個性，而且也不用提到什麼RH或MH血型，因為根本沒有什麼科學證據證實血型與個性有關，所以血型個性診斷基本上是種謬誤。

【提出申訴】

內文提到了「告發」這個字，但社會學上來說，「提出申訴」這個字也很常用。

申訴暗藏不滿、抱怨的意思。社會問題（有待解決的問題）是透過「提出申訴」才成形，而不是一開始就存在。等著別人發現的思維，被稱為社會問題的建構主義。

「提出申訴」也點出「向他人主張歧視或其他社會問題是錯誤的」這個行為，具有相當重要的意義。

場景 ㉙

> # 這不是歧視，
> # 只是一種分類。

勒索程度 ★★★

這次學生會長選舉，
你會投給生田還是石川啊？

當然是生田啊，石川是老么，
上面有四個兄弟姊妹，
肯定不適合當什麼領導人的啦。

這是對老么的歧視吧？

他真的就是老么啊，
所以這不是歧視，只是一種分類而已。

⭐ 出生的順序、有沒有兄弟姊妹與個性

場景㉙中，要請大家先思考的是「不是歧視，只是一種分類」的說法。但在進入正題之前，讓我們先想想另一個問題，那就是排行老幾、有幾位兄弟姊妹跟個性有什麼關係嗎？

某項正式的學術調查（不是網路上的「偽科學」）的結果，雖然不像「偽科學」那麼極端，但**這項學術調查發現，出生順序與有沒有兄弟姊妹這點，的確會影響個性的傾向**。當然，這只代表每個人的個性會因此出現差異，無法就此摸清楚任何人的個性。

所以在場景㉙中，說要投票給生田的學生是以出生順序來判斷石川，但這個判斷可說是錯誤的。

這位學生在老么這個社會分類貼上了「不適合當領導人」的負面標籤，判斷石川不適合擔任學生會長，這就是一種差別待遇。

假設這樣的判斷是不正當，那麼可根據歧視的三個條件斷言：這種判斷就是對老么的歧視。

★ 這樣的說法很有可能、或有很高的機率，會讓差別待遇無法合理化

從「這不是歧視，只是一種分類」這句話中，我們隱約可看出這位學生認為「我的判斷是正當的」。

既然是正當的，當然就不算是歧視，但應該有不少人在聽到「所以這不是歧視，只是一種分類」時會覺得有點不爽或受傷吧？

我們很常遇到會說這種話的人，但通常這些人的心中都充滿歧視。

「不是歧視，只是一種分類方式」的情況當然存在，比如這位學生根據石川過去的一言一行判斷石川不適合擔任學生會長，決定不投票給石川時，當然是正當的選擇，也不算是歧視石川。

不過在場景㉙裡，這位學生卻是以排行老么這個屬性，判斷石川很有可能不適合擔任學生會長，硬是將負面標籤貼在石川身上。這種因為「很有可能」或「很高的機率」會這樣，因而對別人大小眼的行為，能說是正當的嗎？

在歧視的相關討論之中，這樣的行為當然是不正當的，其理由主要有兩個：一個是透過當事人無法改變的因素，而不是當事人的能力判斷當事人是不公平的；另一個理由

是，一旦這種判斷被認為是正當的，就會導出老么不適合當領導人的結論，也會讓這種成見更加根深柢固。

當我們聽到「這不是歧視，只是一種分類」時，可以回答對方「不對，這就是一種歧視」。

★ 可以分類，卻不得分類的情況

也有可以分類，卻不得分類的情況。

如果我們不希望別人透過某種屬性判斷我們，就該知道的確會有能用某種屬性判斷別人，卻不該如此判斷的情況。

在討論如此判斷正不正當之前，我們都該知道強調「這不是歧視，只是一種分類」本身就是一種不當的行為。

換言之，就算提出「這不是歧視，只是一種分類」這樣的主張，也不代表這個主張是正當的。

而且「只是一種分類」這句話，本身就是在強化這個主張的不正當性。

我們之所以會在聽到「這不是歧視，只是一種分類」這句話的時候覺得不愉快，或許是因為我們隱約察覺到這個主張的不正當性吧。

每個人都有呈現自我的方法，我們也能從每個人呈現自

我的方法找到一些了解他們的蛛絲馬跡，最終得以了解他們，這就是與別人相處的樂趣。

強調「這不是歧視，只是一種分類」的人，等於把這種樂趣拒於門外，然後一點一滴地傷害別人。

我們應該走出門外，擁抱這份樂趣，同時不再以「這不是歧視，只是一種分類」這句話欺騙自己，藉此建立精彩的人際關係。

脫離困境的思維

有時候的確會遇到「可透過某種屬性分類別人，卻不該這麼做」的情況。

我們與人相處的時候，不該輕易地滑過「這不是歧視，只是一種分類」的主張，必須觀其言、察其行，與別人建立健全豐富的人際關係。

必須知道的相關用語

【統計歧視】

因為隸屬的集團（從統計推導的團體）而非個人的能力與性向，對某人進行「差別待遇」的行為，被稱為「統計歧視」。

舉例來說，女性因為結婚生子而辭職的機率很高，所以從一開始就不採用女性的方針在企業經營層面上是「合理的」，但是卻忽略了女性的能力與性向，所以這種方針就是所謂的「統計歧視」。

化開心中煩悶，同時也提醒自己

　　大家覺得這29個有效反擊「言語勒索」的處方箋有趣嗎？如果能讓大家心中的「煩躁」「鬱悶」稍微化開，對筆者來說，這真的是再開心不過的事了。

　　話雖如此，讀完本書之後，有些人或許會因此感受到有別以往的「煩躁」與「鬱悶」。

　　是的，那就是你可能發現自己很常說那些「言語勒索」，然後覺得這樣的自己很「煩躁」「鬱悶」。

　　我想，這種感受源自反省與後悔，所以或許有人會覺得本書的內容讓人噁心或討厭吧。

　　我與各位一樣，都曾因此反省與後悔。我也曾經說過那些「言語勒索」，也曾經因此覺得痛苦，而且今後有可能還會不小心這麼說，但我覺得這也是一個檢視良心，時時提醒自己「喂，注意自己說的話」的機會。從今往後，讓我們一起檢視自己的良心吧！

　　如果是覺得自己很噁心或很討厭的人，請試著冷靜下

來，做個深呼吸。

因為一旦因此惱羞成怒，做出「這本書是錯的，我沒有錯」的結論，就只是在找藉口合理化自己的行為。

如果真能找到藉口，或許真的能暫時合理化自己的行為，但是當我們拚命尋找「可以合理傷害別人的理由」時，我們將失去自己的良心。等到事後清醒過來，你將會更討厭自己。

懂得在怒氣快要爆發的時候學習忍耐，並告訴自己這是讓良心茁壯的最佳機會是件非常棒的事。今後，讓我們一起強化自己的良心吧。

「煩躁」「煩悶」是發現「自己與世界的錯誤」的最佳捷徑，也能讓我們知道自己還有機會步上正軌，我一直覺得這是件很難得的事，也覺得充滿希望，大家是不是也這麼覺得呢？

附 錄

寫下聽到別人說，就會很介意的話吧

將介意的理由寫成文字，是回擊「酸言酸語」的第一步。

請參考本書，確認別人所說的話是否「藏有惡意」或「自以為是的善意」；且了解「酸言酸語」如何形成，你也就能避免自己對別人說這些「酸言酸語」。

別人說了什麼？

 是誰說的？

 在什麼情況下說的？

 你介意的理由是？

別人說了什麼？

 是誰說的？

 在什麼情況下說的？

 你介意的理由是？

別人說了什麼？

 是誰說的？

 在什麼情況下說的？

 你介意的理由是？

別人說了什麼？

 是誰說的？

 在什麼情況下說的？

 你介意的理由是？

【參考文獻】

佐藤裕《新版 差別論——偏見理論批判》明石書店

羅伯特‧K‧馬頓《社會理論與社會構造》みすず書房

G‧W‧亞伯特《偏見的心理》培風館

喬恩‧埃爾斯特《酸葡萄——關於顛覆合理性》勁草書房

日本文部科學省《飲食相關指導手冊》（第二次改訂版）

帕歐羅‧瑪札利諾《緬懷過去病》新潮社

弘前大學人文學部 社會語言學研究室「淺顯易懂的日文」研究室《「淺顯易懂的日文」手冊》

國立教育政策研究所編輯《教師環境的國際比較——OECD國際教師指導環境調查報告（TALIS）2018報告書 學無止盡的教師與校長》行政手冊

J‧I‧KITSUSE／M‧B‧史賓特《社會問題的構成——超越標籤論》マルジュ社

小塩真司《性格與科學心理學——告別血型性格判斷》新曜社

Eurasian Publishing Group
圓神出版事業機構
用心與你對話·給你無限寬廣

如何出版社
Solutions Publishing

www.booklife.com.tw   reader@mail.eurasian.com.tw

Happy Learning 194

這些話，就是言語勒索
10歲起就該懂!29個場景帶你識破並適度反擊

作　　者／森山至貴
譯　　者／許郁文
發 行 人／簡志忠
出 版 者／如何出版社有限公司
地　　址／臺北市南京東路四段50號6樓之1
電　　話／（02）2579-6600‧2579-8800‧2570-3939
傳　　真／（02）2579-0338‧2577-3220‧2570-3636
總 編 輯／陳秋月
主　　編／柳怡如
責任編輯／丁予涵
校　　對／丁予涵‧柳怡如
美術編輯／金益健
行銷企畫／陳禹伶‧曾宜婷
印務統籌／劉鳳剛‧高榮祥
監　　印／高榮祥
排　　版／莊寶鈴
經 銷 商／叩應股份有限公司
郵撥帳號／18707239
法律顧問／圓神出版事業機構法律顧問　蕭雄淋律師
印　　刷／祥峰印刷廠
2021年4月　初版

定價 300 元　　　　　ISBN 978-986-136-575-6　　　　版權所有‧翻印必究
◎本書如有缺頁、破損、裝訂錯誤，請寄回本公司調換

受別人影響,被別人操控是我不對,但我真的覺得錯不在我。我知道他們是爲了我好才說那些話,但我反而覺得受傷,沒辦法感謝他們。如果你想解決這個問題,我要向你介紹這本書。如果你希望覺得看穿那些自以爲是、逃避責任、充滿偏見的言語,知道心情煩悶不堪的自己沒錯,也希望能巧妙地、清楚地回應那些酸言酸語,那麼本書的29個處方箋一定能給你一些線索與提示。

如果我準備的「處方箋」能爲各位排憂解勞,那真是我無上的光榮。

——《這些話,就是言語勒索》

◆ **很喜歡這本書,很想要分享**

圓神書活網線上提供團購優惠,
或洽讀者服務部 02-2579-6600。

◆ **美好生活的提案家,期待爲您服務**

圓神書活網 www.Booklife.com.tw
非會員歡迎體驗優惠,會員獨享累計福利!

國家圖書館出版品預行編目資料

這些話,就是言語勒索:10歲起就該懂!29個場景帶你識破並適度反擊 /
森山至貴著;許郁文譯. -- 初版. -- 臺北市:如何出版社有限公司,2021.04
　　224 面;14.8×20.8公分 -- (Happy learning;194)
　　譯自:あなたを閉じこめる「ずるい言葉」:10代から知っておきたい
　　ISBN 978-986-136-575-6(平裝)

　　1.親職教育 2.親子溝通
528.21
110002654